ALPES
ET
DANUBE

OU

VOYAGE EN SUISSE, STYRIE, HONGRIE ET TRANSYLVANIE;

PAR

LE BARON D'HAUSSEZ.

Pour faire suite au Voyage d'un Exilé.

II

PARIS
AMBROISE DUPONT, ÉDITEUR,
7, RUE VIVIENNE.

1837

ALPES
ET
DANUBE.

IMPRIMERIE DE FÉLIX LOCQUIN,
r. Notre Dame-des-Victoires, 16.

ALPES
ET
DANUBE

OU

VOYAGE EN SUISSE, STYRIE, HONGRIE ET TRANSYLVANIE;

PAR

LE BARON D'HAUSSEZ.

Pour faire suite au Voyage d'un Exilé.

II

PARIS
AMBROISE DUPONT, ÉDITEUR,
7, RUE VIVIENNE,
—
1837

I

Excursion au lac Balaton.

—

Deux journées de marche séparent Bude du lac Balaton. Je n'hésitai pas à entreprendre cette excursion qui devait ajouter un épisode intéressant à mon voyage en Hongrie.

A la sortie de Bude, la route se prolonge pendant deux lieues entre des collines de formes peu gracieuses et le Danube qui, là comme sur presque tout son cours, arrose des bords arides et sans intérêt. Elle traverse le Rakos, plaine où la nation hongroise se rassemblait pour l'élection de ses souverains : par nation, on doit entendre la noblesse qui se chargeait de la représenter et d'exploiter ses libertés. De ces assemblées sortaient les dissensions, les troubles de tous genres, les guerres civiles, les exactions, l'oppression du peuple et le malheur de tous. Le triomphe de quelques ambitions, de quelques intérêts, était suivi du plus dur asservissement, du pillage, de la proscription ; et quand finissait un règne commencé par la violence et entretenu par la lassitude, on n'avait pour perspective que le retour des maux qu'il avait entraînés. Belle liberté, vraiment, qu'un tel état de choses ! constitution bien enviable que celle qui met en question à chaque phase de l'existence incertaine d'un souverain et la sécurité des personnes, et le respect des propriétés, et le maintien des bases sur lesquelles repose la société !

On ne tarde pas à rentrer dans les tristes plaines que l'on croyait avoir laissées derrière soi. Même intervalle entre les villages, même stérilité ; la seule différence que l'on observe provient de quelques ondulations dans le terrain et d'un peu moins de misère chez les habitans. Dans plusieurs villages cependant, un grand nombre de maisons consistent dans des caves dont le toit est presque au niveau du sol : une pente fait descendre dans ces humides demeures, où l'air et la lumière ne viennent que

par des soupiraux. J'ai pénétré dans plusieurs ;
à ma grande surprise, j'ai remarqué moins de
désordre et de malaise que je ne m'attendais à
en trouver. La distribution, non de la maison
(elle consiste en une seule pièce), mais des meubles, est la même dans toutes : les lits occupent
les angles; le foyer, le milieu de l'appartement ;
la fumée s'échappe par un trou pratiqué à travers
la terrasse qui sert de toit, lequel est formé par
la terre sortie de l'excavation et posée sur des
poutres. D'autres caves construites de la même
manière, mais plus petites, servent de greniers,
de magasins, d'étables. Ces gens-là ont un goût
prononcé pour la vie souterraine.

Entre Swweissembourg, assez jolie petite
ville, et Wesprem, on parcourt une série de coteaux arides. Le relais devant se faire attendre,
je voulus faire connaissance avec les rues désordonnées de cette grande bourgade : je fus détourné de l'examen que je faisais de la maison
de l'évêque, seul édifice passable qui s'offrît à
ma vue, par des cris de douleur qui partaient
d'une maison voisine que l'on m'avait dit être
celle où se rassemble le comitat. J'y courus, et je
vis, étendu sur un de ces bancs dont le bailli
d'Almas m'avait indiqué la destination, un forçat,
sur le caleçon duquel, après avoir produit un
bruit menaçant en faisant plusieurs tours en l'air

une schlague plate et flexible tombait avec la régularité du balancier d'une pendule et la force que lui imprimait le bras nerveux d'un hussard du comitat (c'est la gendarmerie du pays). A l'impassibilité de cet homme qui frappait, à celle d'un autre homme qui comptait les coups, on eût cru voir des machines fonctionnant sous une impulsion qu'il ne leur était pas donné d'apprécier. Leurs mouvemens étaient calmes, sans irritation, sans vengeance; et pourtant ils déchiraient de coups un de leurs semblables, dont les cris ne leur causaient pas la moindre émotion.

Tout en m'éloignant de ce triste spectacle qui n'avait pour témoins que les femmes et les enfans du quartier, je demandai quel crime avait commis ce malheureux ? « — Pas d'autre, me répon-
» dit-on, que celui qui lui a fait encourir la
» peine des fers. Le complément de cette peine
» est l'application de vingt-cinq coups de bâton
» à l'expiration de chaque trimestre. C'est aujour-
» d'hui l'échéance de cette rente dont l'acquitte-
» ment ne se fait jamais attendre. — Comment,
» dans trois mois on recommencera? — Oui, et
» quatre fois par an, jusqu'à l'expiration de la
» peine. — Et la bonne conduite de cet homme, la
» preuve d'un repentir sincère, d'une améliora-
» tion réelle, ne feront pas modifier cette partie
» de la sentence? — Non. Cet homme n'est pas

» un scélérat de profession : il est fort soumis,
» jamais il n'est puni ; mais il n'y gagne pas la
» réduction d'un seul des vingt-cinq coups de
» bâton qui lui sont comptés quatre fois par an. »

Quoiqu'avec répugnance, l'imagination se prête à la pensée d'une peine permanente en réparation d'un crime ou d'une faute grave. Elle conçoit même la punition capitale, mais elle (la mienne au moins) se révolte à la pensée d'un supplice accessoire dont les intermittences sont remplies par l'expectative de son inévitable retour. Le repentir, une volonté d'amendement, trouveront-ils place à côté de la crainte, de la honte, de la rage qu'entretiennent le souvenir et la prévision de cette irrémissible périodicité ? Ce genre de punition n'est plus dans nos mœurs. Déplorable tradition d'une législation barbare, il aurait dû être relégué parmi ces réminiscences douloureuses qui font mieux apprécier le bonheur de vivre dans un siècle où le bien s'accompagne de plus de douceur, où le mal s'est dépouillé de cette âpreté qui le rendait si redoutable.

Pour dissiper la sensation pénible qu'avait produite chez moi le spectacle auquel j'avais involontairement assisté, je me hâtai de me rendre sur les bords du lac Balaton. Après une heure de marche, je l'aperçus se développant majestueusement dans un cadre de collines variées, sur une longueur de vingt-deux lieues et une largeur de six à huit. Il me semble avoir réservé pour ce point le mouvement et la variété dont ailleurs on le voit si dépourvu. Des montagnes peu éloignées présentent de gracieuses découpures. La lumière produit de beaux effets. Des forêts, des villages, des églises et leurs clochers d'un blanc éclatant, les rives du lac qui, sur quelques points, s'élèvent en falaise comme les côtes de la Manche aux environs de Douvres et de Dieppe, plus loin s'abaissent au niveau du sol, et semblent inviter ses eaux à venir féconder ces déserts; tout cela complète le charme d'une perspective qui soutiendrait la comparaison avec ce que l'on voit de plus beau en Suisse, et qui reçoit un accroissement d'intérêt de son contraste avec le pays que l'on quitte pour venir la chercher. Le lac Balaton est en Hongrie ce que les vallées de Hartzeg et de Méhadia sont dans le Bannat, ce que les environs de Cronstadt sont dans la Transylvanie, un épisode qu'un voyageur ne doit pas négliger d'ajouter à ses souvenirs.

Une source gazo-ferrugineuse qui sort de terre à quelques toises du lac a servi de prétexte à la création d'un établissement de bains que recommandent l'étendue et la distribution des bâtimens destinés au logement des baigneurs et le charme de sa situation. Différentes de celles de Méhadia par leur nature et leurs propriétés, plus rapprochées de Vienne et de Pest, dans une position plus riante, les sources de Fured sont devenues un rendez-vous de la haute société, plus encore qu'un lieu où l'on est appelé par des exigences de santé.

Par une bonne fortune de voyage, j'ai rencontré là un médecin, homme d'esprit et de goût, qui avait parcouru la plupart des contrées que j'avais visitées, et avec qui j'ai pu m'en entretenir en français qu'il parle très bien. Il eût causé aussi facilement avec un Anglais, un Espagnol et un Italien; car le docteur d'Adler possède au plus haut degré le talent du *polyglotisme*, et il en fait usage avec une remarquable complaisance.

A peu de distance des bains de Fured, et formant un des côtés du golfe au fond duquel ils sont situés, s'avance, dans le lac, la presqu'île de Tihon. Le bouleversement de ses montagnes, la forme conique de plusieurs d'entre elles, et diverses autres circonstances déposeraient suffisamment de son origine volcanique, pour ne laisser au doute aucune possibilité, lors même que le basalte qui compose sa charpente et la lave qui se trouve à sa superficie ne complèteraient pas la conviction. Un couvent, des hameaux, des cultures, des forêts, et, de chacune des parties que l'on visite, des points de vue délicieux, font de Tihon un but charmant de promenades et ajoutent à l'agrément de Fured.

II

Esprit public.

On ne cesse d'entretenir la nation hongroise de liberté. Avant de faire résonner ce mot électrique à ses oreilles, il faudrait lui en apprendre la signification et la portée, et la disposer à ne pas se méprendre sur le sens véritable qui doit y être attaché. Dans tant de pays plus avancés en civilisation on lui a donné une interprétation fausse, et les suites de cette erreur ont été si funestes, que l'on devrait y regarder à deux fois avant de jeter à la tête des peuples ce mot qu'ils ne savent traduire que par *licence, désordre, subversion;* avant de leur accorder une faculté que, sans que l'on puisse s'y opposer, ils étendent bientôt jusqu'à la révolte; avant de leur confier une arme dont ils ne manqueront pas d'exagérer l'effet, et qui, éclatant dans leurs mains, anéantira tout ce qui sera à sa portée.

La Hongrie renferme un grand nombre de ces réformateurs de bonne foi, de ces révolutionnaires honnêtes gens, qui, s'irritant à la vue, à l'idée même d'un abus, veulent y mettre un terme, quoi qu'il en résulte ; certains qu'ils sont d'arrêter la secousse qu'ils auront produite au point déterminé d'avance par leur naïve confiance. La réforme qu'ils prétendent établir doit être successive ; ils en modèreront la marche, en comprimeront l'élan. Le bien qu'ils ont en vue, c'est avec prudence qu'ils le poursuivront ; c'est lentement et par degrés qu'ils comptent l'opérer. Ils veulent procéder en répandant les lumières parmi le peuple, et se réserver longtemps encore la direction de ce peuple, après que son éducation sera faite. Pauvres gens qui négligent pour eux l'enseignement des faits obtenus partout où l'on a cherché à réaliser ce qu'ils veulent tenter ; qui poussent la société vers un point plus élevé, afin de la mettre en position de voir mieux et de plus loin, sans songer qu'un précipice est à côté de ce point élevé, et que le moindre pas qu'elle fera au delà entraînera une épouvantable chute !

Un club autorisé par le gouvernement est établi à Pest. On y discute sur les moyens d'améliorer la situation du royaume (ce qui est très-convenable et peut être fort utile); sur des sujets politiques (ce qui pourrait ne pas être sans danger). On y professe des cours de beaux-arts et de sciences et on y fait de la musique (ce qui est fort agréable); on y lit et on y commente les journaux politiques anglais et *français* (ce qui donne la pensée d'imiter et de reproduire en Hongrie ces merveilleux systèmes qui réussissent si admirablement partout où ils sont essayés). On est donc déjà assez avant dans les avenues qui conduisent aux réformes et souvent plus loin. Le gouvernement s'est alarmé : on lui a persuadé que ce qu'il avait de mieux à faire était de se placer au milieu de ceux qui marchaient, de se mêler avec eux et d'aller même plus vite et plus loin, afin de prendre la direction du mouvement. Il n'a jusqu'à présent suivi que la moitié du conseil. Le premier ministre de la monarchie autrichienne est inscrit au nombre des membres du club hongrois. Je n'ai pas entendu dire qu'il se pressât pour amener la réforme attendue.

L'établissement d'une navigation à vapeur sur le Danube, entre Vienne et Constantinople, doit être, dit-on, attribuée à l'influence de la nouvelle institution. On prépare des projets non moins utiles. Une gazette en langue nationale a été l'un des premiers résultats de l'association. Jusqu'à présent elle n'est pas sortie des limites d'une polémique convenable. Elle ne publie encore que des articles dirigés contre les préjugés et les abus, et signés par leurs auteurs. D'autres gazettes ne peuvent manquer de venir après celle-ci, aussitôt que des lecteurs leur seront assurés. Fussent-elles aussi réservées que l'est leur devancière, elles ne formeront pas moins, quoi que l'on fasse, un nouveau pouvoir dans l'état; pouvoir qui, pour ne pas avoir d'autorité directe, n'exercera pas moins une irrésistible influence.

Le danger résultant de la création des journaux pourrait être d'autant plus grand que, comme il n'en existait pas, on ne s'était pas mis en garde contre ce qu'il pourrait y avoir de fâcheux dans l'effet qu'ils produiraient. Le gouvernement n'est armé d'aucun moyen de répression, et le moment serait mal choisi pour en obtenir de la diète, alors que l'on veut renverser les barrières qui s'opposent aux progrès rêvés par les novateurs.

Déjà plusieurs ouvrages dans lesquels, en insistant sur la nécessité d'une réforme étendue, on en indique les moyens et la tendance, sont publiés et accueillis avec une extrême faveur. Il sera peut-être difficile de contenir la discussion dans les bornes qu'elle seule a déterminées, et il y aurait peut-être du danger à le tenter.

La Hongrie éprouve en ce moment une recrudescence d'esprit national qui se fait remarquer en tout. Elle veut avoir ses lois à part, sa langue à part, son costume à part, ses intérêts, ses célébrités, ses haines, ses affections. Elle ne veut pas être confondue avec l'Allemagne; et les étrangers, qui parlent collectivement de deux états qu'ils voient réunis sous un même sceptre, s'en aperçoivent à l'empressement que l'on met à relever leur erreur. Elle veut être nation, et elle ne néglige rien pour atteindre ce but. En garde, presqu'en défiance contre le pouvoir, elle repousse tout ce que, dans son inquiétude, elle prend pour une pensée d'attaque contre ses privilèges. La langue hongroise est à peu près la seule parlée à la diète, la seule en usage pour traiter les intérêts du royaume. Les poètes se sont remis à l'employer pour rendre leurs inspirations. De toutes parts on évoque le costume national. On ne rencontre dans les rues de Pest que des hommes en bonnet garni de fourrures, en redingote courte serrée autour des reins par un ceinturon, auquel pend un sabre recourbé, en pantalon collant orné de brandebourgs et se terminant dans un court brodequin.

Je prenais pour des magnats les premières personnes que je vis ainsi costumées. On me dit que la plupart de ces messieurs étaient des avocats, des médecins, des élèves de l'académie; que les magnats se distinguaient par une plume blanche dont leur bonnet était orné [1].

A voir la mise, à étudier les mœurs de la nation hongroise, on reconnaît que sous la domination des Césars de Vienne elle a conservé un cachet qui lui était propre, comme elle l'avait sous celle des Césars de Rome. Sous bien des rapports, elle est restée ce qu'elle était il y a vingt siècles. La partie éclairée de sa population a marché à la suite de la civilisation; l'autre, et c'est de beaucoup la plus nombreuse, s'est cramponnée à ses préjugés les plus absurdes, à ses coutumes les plus irrationnelles, à son ignorance même, pour ne pas être entraînée dans la voie des innovations. La cause ne saurait s'en trouver que dans le vice de son organisation et de son administration.

Changer l'organisation d'un pays est chose difficile et presque toujours dangereuse, modifier son administration présente moins d'incon-

---

[1] Le costume est d'un effet piquant : il doit être magnifique, lorsque les broderies d'or, d'argent, et les pierreries s'y mêlent, ainsi que cela a lieu dans les cérémonies publiques et les réunions d'apparat.

véniens. Je ne sais ce qu'il y aurait à faire dans ce genre en Hongrie, mais je suis certain qu'il y aurait à faire : et je ne crois pas émettre une opinion hasardée en disant qu'il faut entrer dans le progrès d'une amélioration matérielle par l'ouverture des nombreuses communications que réclame la contrée, et, par l'instruction, dans celui d'une amélioration morale.

Et qui appelle de ses vœux, qui presse de tous ses efforts, sinon une révolution, au moins une réforme ? ce sont les classes qui, jouissant de tous les avantages de l'état de choses actuel sans en éprouver le moindre inconvénient, ont à en redouter le renversement. C'est agir avec bien de l'abnégation de tout intérêt personnel; mais c'est agir avec encore bien plus d'irréflexion. Les mesures que l'on provoque ne sauraient tourner au profit que de la classe des paysans. Or cette classe est-elle en état d'apprécier ce que l'on veut faire pour elle, d'en tirer parti pour son bienêtre personnel, d'en user sans préjudice pour les autres ? Non. Ainsi que la foudre du ciel, celle de la politique gronde sur sa tête, sans qu'elle cherche à se rendre compte des causes qui la produisent, à deviner ses effets : mais si elle vient à éclater, si elle allume un incendie, sans en comprendre la cause, sans en prévoir les effets, la classe objet de tant de sollicitudes se ruera à travers et ajoutera à ses désastres. La Hongrie a eu ses *Jacqueries*. La civilisation n'a pas pénétré assez avant dans ses campagnes pour en détruire les élémens.

Les Hongrois des classes élevées connaissent et traitent bien les affaires et les intérêts de leur pays. On assure que leurs diètes possèdent des orateurs fort distingués. J'ai rencontré fréquemment des hommes familiarisés avec les vues les plus étendues de l'économie politique, en comprenant bien le mécanisme et les divers systèmes, et qui me semblaient capables d'en faire une habile application. Ils se mettraient à l'œuvre avec une ardeur qui ne serait pas sans danger, s'ils n'étaient arrêtés par des lois, des coutumes, des préjugés, des prétentions de castes et d'individus; et c'est un bien pour leur pays et pour eux. Pour être avantageuses, les améliorations veulent être élaborées par l'action lente et réfléchie du temps.

III

Mœurs.

—

La constitution hongroise, établie depuis six ou sept siècles, paraît avoir fixé les mœurs au point où elle les avait trouvées. C'est la même barbarie et le même état de sujétion des classes inférieures ; c'est le même besoin et le même mode de domination des classes supérieures ; c'est le même état d'agriculture, d'arts, d'industrie ; c'est la même disposition à des perturbations auxquelles tout sert de prétexte ; c'est la même excitation des paysans contre les nobles ; c'est la même rage dans les attaques promptement réprimées, mais par une force étrangère, qu'ils tentent contre leurs maîtres. On ne voit pas trop qu'il y ait dans tout cela matière à exalter les avantages de la constitution à laquelle on en est redevable.

Je n'ai pu me procurer aucun renseignement précis sur la nature des crimes et leur proportion avec la population. La justice est administrée au nom et aux dépens des seigneurs. Les frais de poursuites étant à leur charge, il leur importe d'en faire le moins possible. Leurs délégués agissent d'après cette considération, et la plupart des crimes ne sont pas même l'objet d'une enquête; beaucoup sont ignorés, et tout se prête à ce qu'il en soit ainsi : l'éloignement des lieux, la facilité de faire disparaître les indices, l'indifférence des habitans pour leur propre existence, et, à plus forte raison pour celle des autres, et plus que toutes ces causes, l'impéritie et la mauvaise volonté des magistrats chargés des procédures.

Si l'on considère l'ignorance des paysans hongrois, leur grossièreté, leur irritabilité et l'absence de tout principe raisonné de religion, on peut penser que bien des crimes se commettent et restent à jamais ignorés; mais c'est, je le répète, une conjecture que, malgré les recherches les plus persévérantes, je n'ai pu approfondir.

L'état ne pourvoyant pas à l'entretien des détenus, un grand nombre de coupables échappent à une punition méritée, à moins qu'il ne se rencontre un offensé qui ait la volonté et la faculté de faire la dépense des poursuites; dans le cas contraire, et c'est celui qui se présente le plus souvent, le juge compose avec le criminel, et des coups de bâton, dont l'application n'est pas dispendieuse, suffisent à la vindicte publique.

J'ai parcouru la Hongrie et la Transylvanie dans tous les sens; j'ai souvent voyagé la nuit et sans escorte : lorsque je m'arrêtais pour coucher, c'était dans le premier cabaret vers lequel mes postillons me conduisaient; jamais je n'ai rien observé qui pût me causer la moindre inquiétude, quoique les physionomies des gens que je rencontrais et celles de mes hôtes fussent peu rassurantes, et que la vue seule de leurs costumes pût leur faire supposer l'intention de chercher à s'en approprier de meilleurs.

On m'a rapporté que l'on tolérait en Hongrie une espèce de *quasi-brigands*, qui ne sont qu'incommodes lorsque l'on cède à leurs exigences, mais qui deviennent dangereux dès qu'on leur résiste. Réunis par bandes de huit à dix, ils pénètrent à l'entrée de la nuit dans les habitations, se font donner à manger et à boire, et veulent que l'hôte auquel ils s'imposent leur fasse les honneurs de sa table et ait l'air de trouver du plaisir à les héberger. S'il se prête à ces bizarres fantaisies, il en est quitte pour les frais de la réception; il est pillé et bien battu s'il résiste ou seulement fait les choses de mauvaise grâce. Ces brigands vivent dans les bois, qui leur offrent un asile assuré.

Tout service mérite salaire, dit le proverbe. Les juges des tribunaux hongrois considèrent sans doute la distribution de la justice comme un service; et ils souffrent qu'après l'avoir sollicitée par des visites, des lettres et des assurances d'une gratitude efficace, s'ils la rendent telle qu'on la leur demande, on la leur paie quand elle est rendue. Afin de dissimuler ce qu'un tel usage a de peu honorable, on a donné un nom, qui peut être traduit par celui d'*incident*, aux cadeaux destinés à prouver que, si la conscience du juge est facile, le cœur du plaideur est reconnaissant.

De tous les pays que j'ai parcourus, la Hongrie et la Transylvanie sont ceux où, dans les classes élevées, la conversation, la manière d'être, le ton, le costume, ont le plus de rapports avec ce qui se voit en France; et tout cela a un tel naturel que l'imitation ne perce en rien : la mise des femmes a également une grande ressemblance avec celle des Françaises.

Dans les villes, ces rapports s'étendent aux classes qui se sont affranchies du costume national, depuis la redingote du commis de magasin jusques à la veste à basques du cafetier, ou à la blouse du charretier; depuis la coiffure en cheveux de la couturière jusques au corset de la servante d'auberge: la mise d'un pays est en tout semblable à celle de l'autre. Cette imitation doit être attribuée à une sorte d'instinct; car partout ces classes sont sédentaires, et je doute que des boutiques de la rue Saint-Denis il parte des mannequins pour porter les modes bourgeoises à Temeswar ou à Hermenstadt, comme on envoie de la rue Vivienne, pour donner aux salons de Saint-Pétersbourg ou de Berlin, les modes adoptées dans ceux de Paris.

La diversité des langues est une des grandes difficultés d'un voyage dans ces contrées. L'allemand n'y est parlé que par exception, par esprit de nationalité. Les Hongrois qui le savent évitent le plus possible d'en faire usage. Le croate, l'illyrien, le valaque surtout, sont seuls entendus des populations qui avoisinent la Turquie, et ces dialectes se subdivisent en une foule d'idiomes dont l'analogie n'est pas telle que la connaissance de l'un puisse faciliter l'intelligence de l'autre. Dans bien des occasions, mon interprète qui parlait aussi bien le hongrois que l'allemand, et qui avait une teinture de plusieurs de ses dialectes, se trouvait dans l'impossibilité de se faire comprendre; ou, lorsqu'il y parvenait, c'était à l'aide de l'italien auquel le valaque a emprunté un grand nombre de mots et même des phrases entières. Je me suis convaincu de l'impossibilité de voyager dans les provinces que je parcourais avec la seule connaissance de la langue allemande et sans le secours d'un interprète.

L'habitude de la langue latine pourrait jusqu'à un certain point suppléer à l'ignorance de la langue du pays : il n'est pas un village où l'on ne trouve quelqu'un parlant couramment le latin, tandis qu'il en est beaucoup où personne ne connaît l'allemand.

Je me croyais en état de faire usage de la langue de Cicéron et de Virgile, parce que j'avais conservé l'habitude de lire leurs écrits. Quelle n'a pas été ma honte, quel n'a pas été surtout mon embarras, en me trouvant hors d'état de répondre aux questions les plus simples. Un jour je voulus commander mon dîner. Le genre de latinité devenu proverbial pour cet usage vulgaire ne se présentait pas même à ma mémoire. Les solécismes, les barbarismes, se succédaient sans pouvoir rendre ma pensée, mais non sans exciter une sorte de fou rire chez l'aubergiste, dont l'hilarité gagna sa femme et jusqu'à ses servantes.

Je fus plus heureux avec un savant; mais ce savant joignait à beaucoup de complaisance une intelligence qui lui faisait saisir ma pensée toute mal exprimée qu'elle était. Il eut la politesse de ne pas me rire au nez. Dans un second entretien, ma tête se remeubla de mots, de phrases, de locutions que j'en croyais bannies à jamais; et, si j'avais continué, je pense que j'aurais ressaisi quelque chose de cette science qui m'avait valu des prix dans mes classes. Mon séjour en Hongrie ne s'est pas assez prolongé pour me permettre de suivre avec fruit un cours de latinité; et je suis parti tout aussi ignorant que j'étais arrivé.

Dans les campagnes, le dimanche est le jour de marché, et le pourtour de l'église en est l'emplacement. Le cimetière est couvert de tables sur lesquelles sont étalés les objets en vente. Après avoir entendu la messe et fait ses emplettes, on se rend au cabaret, où chacun, selon son goût, se met à boire et à danser. La danse, toute à la hongroise, n'est pas, comme dans les villes, accompagnée du cliquetis d'éperons, attendu que les danseurs de village ne portent guère que des sandales. Les danseuses ont des bottes de cuir jaune ou rouge. J'ai remarqué qu'afin sans doute de ne pas salir leur mouchoir elles essuyaient la sueur qui coulait de leur front avec le revers de la main, que, par un retour de propreté, elles frottent sur l'épaule de leur partenaire.

Le paysan hongrois est le lazarone du désert. Il accepte la vie telle que la providence la lui a jetée, sans songer à y mêler les combinaisons de son impuissante intelligence : il poursuit sa carrière où le hasard la lui a fait commencer; il dort où le sommeil le surprend, au milieu d'une plaine, sous un hangar, sous son chariot, sur le bord d'un chemin, à la pluie, au vent, à un soleil de trente degrés. Il se soumet au travail par indolence, comme à une nécessité; il en dissipe le salaire sans calcul du lendemain; la faim est sa réserve, la privation sa ressource. L'avenir serait pour lui sans bonheur et sans espérance : il n'y songe pas. La plante de ses déserts attend pour fleurir ou pour sécher que le ciel lui accorde ou lui refuse de la pluie : il fait comme elle. Des peines de la vie, dont la part lui a été faite si large et si lourde, il retranche le souci, et il marche avec le reste sans réfléchir aux moyens d'en alléger le poids.

Si l'on craint de se désillusionner des rêveries de la vie pastorale et des mœurs de l'état primitif de la société, il faut se garder de visiter les déserts que j'ai parcourus. Ces mœurs y existent dans leur rudesse originelle, et elles s'y accompagnent de tout ce qui est propre à en inspirer le dégoût.

Placez donc une scène d'idylle au milieu de ces plaines sans arbres; choisissez un Tircis parmi ces pâtres à longs cheveux, luisans d'une graisse qui découle et se fixe sur l'unique vêtement qu'ils portent; triez une Aminthe au milieu de ces disgracieuses créatures empestées de l'odeur des étables et déformées par l'excès du travail et de la négligence; faites-leur débiter une églogue, et jugez si, dépravé par l'ignorance, abruti par la misère, poussé vers le vice sans rien qui le provoque à la vertu, objet de dégoût et de pitié, l'homme, rapproché de l'état de nature, est plus fait pour la vertu que pour le bonheur!

La religion chrétienne est professée en Hongrie sous toutes les formes que l'esprit de novation s'est avisé de lui donner : toutes les sectes y sont représentées, toutes y ont leurs temples; chaque fraction de peuple a sa croyance, comme un costume qui le distingue. A côté de la religion catholique qui domine et qui est la religion de l'état, surgissent les cultes grec, luthérien, calviniste, anabaptiste et juif, la bizarre superstition des Valaques, et la nullité de croyance des Zingares. Pour que la religion exerce une influence utile sur la société, il faut qu'elle s'élève jusqu'à la raison pour les classes éclairées, et qu'elle descende jusqu'à la superstition pour celles qui ne le sont pas. En Hongrie, l'une et l'autre de ces conditions lui manquent; aussi est-elle sans effet positif : on en suit les rites, et c'est tout; on est baptisé, marié et enterré selon les pratiques du culte que l'on professe, et on s'inquiète peu du reste.

On rencontre en général des dispositions fort bienveillantes chez les paysans : tout ce qui est dans leur cabane est offert avec cordialité ; aucun des services réclamés n'est refusé. Avez-vous besoin de chevaux ? les meilleurs sont immédiatement attelés ; de guides ? le maître de la maison ou le plus intelligent de ses fils ou de ses domestiques vous accompagne. Pour avoir droit à ces prévenances, il suffit de les demander sans exigence et sans dureté, et de paraître s'accommoder du pays, de ses usages et des ressources qu'il présente.

En Hongrie comme en Transylvanie, les paysans poussent la politesse jusqu'à l'importunité : de si loin qu'ils aperçoivent quelqu'un dont la mise indique de la supériorité, ils s'arrêtent, se découvrent, et ne reprennent leur marche et ne replacent leur bonnet que lorsque la personne qu'ils saluaient les a dépassés ; aucun d'eux ne se dispense de cette formalité, qui, répétée d'un bout à l'autre des villages, et imposant l'obligation de rendre le salut, force de les traverser le chapeau à la main.

J'avais entendu reprocher aux Hongrois une raideur de caractère et une âpreté de formes que mes rapports avec eux n'ont pas confirmées. Leur attitude en présence de leurs supérieurs est respectueuse sans être servile : elle indique de la subordination plus qu'une avilissante infériorité. J'ai remarqué chez les gens du peuple des dispositions à tromper dans les comptes que l'on règle avec eux, mais aucune obstination à les faire trouver justes. Pendant toute la durée de mon voyage on ne m'a rien volé, quoique par habitude je mette peu de soin à me garantir des voleurs, et que ma voiture toute chargée restât sans gardiens sous des hangars ouverts.

Si l'on jugeait du caractère hongrois par la danse du peuple, on penserait qu'il n'est ni gai ni vif.

Une quarantaine de jeunes filles rangées sur deux lignes que sépare un intervalle de plusieurs pas, et se tenant par la main, agitent les bras et les jambes, en suivant le mouvement d'un air lent et lugubre. De temps à autre, elles changent de ligne et reçoivent, en passant sous les bras de leurs vis-à-vis, un coup d'autant plus vigoureusement appliqué que la joie et les applaudissemens des spectateurs sont en raison de la force qu'y emploie la main qui le donne. On m'a dit que les chansons qui mettent les groupes en mouvement, sans pouvoir les animer, et qui m'ont paru être divisées en demandes et en réponses, ont pour objet des choses qui intéressent chaque classe de danseuses. Ainsi une ligne demande à la ligne opposée ce qu'elle désire. Si c'est à la campagne, on lui répond que l'on souhaite un jardin bien garni de fleurs, de fruits et de légumes; des moutons bien gras et de belles vaches; un mari laborieux qui ne soit ni ivrogne ni brutal.

Les femmes que j'ai vu danser n'avaient dans leurs traits rien qui pût compenser l'insipide monotonie de leur danse. Presque toutes étaient laides; et je n'en ai pas remarqué une seule qui fût réellement jolie, abstraction faite même de leur mise. Leurs cheveux tressés en forme de queue laissaient à leurs visages basanés toute la disgrâce que leur donnaient de petits yeux, une large bouche, un nez épaté. Un fichu blanc était noué autour de leur cou. Des jupes fort courtes laissaient apercevoir des bottines en cuir jaune ou rouge, dont les talons garnis en fer ou en cuivre frappaient l'un contre l'autre et servaient à marquer la mesure.

Ainsi que les femmes, les hommes du peuple ont des danses qui leur sont particulières. Ces danses qui sont aussi vives que celles des femmes sont lentes et tristes, s'accompagnent de battemens de mains, de coups donnés sur les culottes et sur les bottes, et du bruit que font les éperons heurtés les uns contre les autres. Elles produisent une exaltation qu'un étranger ne peut concevoir, mais dont il ne peut douter en les voyant servir de moyens d'enrôlement aux recruteurs qui ne trouvent jamais plus d'entraînement chez les jeunes gens qu'ils veulent embaucher que lorsqu'ils les ont disposés par ce genre d'amusement.

En général on peut juger de l'état de la civilisation d'un pays par ses auberges; ses mœurs par le plus ou moins de brutalité de ses postillons; son administration par l'état de ses routes.

Si l'on admet cette base qui, sans être rigoureusement vraie, n'est pas dénuée d'exactitude, et si l'on en fait l'application à la Transylvanie et à la Hongrie, on trouvera :

1° Que l'on ne doit guère voyager dans ces contrées, ni s'y soucier beaucoup des aisances de la vie; car, s'il en était ainsi, les auberges étant plus fréquentées et l'exigence des voyageurs étant plus grande, plus de soins seraient donnés à leur tenue. De même que ces contrées ne sont qu'un intermédiaire entre la civilisation et la barbarie, une transition de l'Europe à la Turquie, leurs auberges ne sont qu'une dégradation de l'hôtel au caravansérail.

2° Que le peuple est naturellement porté à la douceur; car les postillons, qui peuvent être considérés comme la représentation de sa portion la moins policée, n'y sont ni insolens envers les voyageurs, ni brutaux à l'égard de leurs chevaux.

3° Que le talent d'administration n'y est pas poussé fort loin, car l'ignorance et la négligence que l'on est en droit de reprocher à la confection et à l'entretien des routes percent dans toutes les branches de l'administration publique.

Ainsi le moyen, qu'à défaut d'autre j'ai indiqué pour apprécier d'une manière approximative la situation d'un pays que l'on parcourt rapidement, n'est pas en défaut dans son application à la Transylvanie et à la Hongrie.

Les auberges de ces contrées [1] ne suivent que de très loin les progrès peu rapides cependant de la civilisation. Elles sont mal meublées, mal pourvues. Le service s'y fait détestablement : on n'y trouve pas même des sonnettes pour appeler les domestiques, qui ne répondent que lentement, et servent de mauvaise grâce et avec maladresse. Les bois de lits ne sont en général que de méchantes caisses en planches, fort propres par leur forme à donner la pensée du sommeil éternel. Au fond se trouve un peu de foin comprimé par les nombreux voyageurs qui s'y sont étendus.

---

[1] Je parle de celles des villes, dans la campagne on ne rencontre que de détestables cabarets.

Ce foin est surmonté d'un matelas de laine fort mince et fort dur, sur lequel un drap est cousu. Un autre drap est fixé par des boutons à une lourde couverture. Un ou deux oreillers, dont l'enveloppe est également cousue, complètent la garniture du lit. Quand les précautions prises pour fixer d'une manière permanente les draps au matelas et à la couverture ne déposeraient pas du service prolongé qu'ils sont destinés à faire dans l'intervalle d'un blanchissage à l'autre, leur saleté le révèlerait. Malheur au voyageur qui n'apporte pas avec lui les moyens d'échapper à un tel coucher!

La cuisine est en rapport avec l'ameublement de la chambre; et les prix calculés sur le nombre de lits qui s'y trouvent, malgré l'impossibilité de les occuper tous et les protestations que l'on fait à ce sujet, sont plus élevés qu'ils ne le seraient dans les meilleurs hôtels d'une capitale.

Les Hongrois et les Transylvains professent un grand mépris pour le commerce, l'industrie et les professions mécaniques. Ils les abandonnent à des étrangers presque tous Arméniens, Grecs et Juifs, qui, les exerçant sans concurrence, leur donnent le caractère d'un monopole. A cet inconvénient s'en joint un autre : c'est que, ne pouvant participer à la possession du sol, ces étrangers transportent ailleurs les bénéfices qu'ils réalisent; et qu'après avoir souffert de l'exagération du prix des objets qu'elle achète, la contrée souffre de la privation des capitaux qu'elle a contribué à former.

Une coutume est bien difficile à déraciner, lors même que, désavouée par la raison, elle ne se défend que par une sorte de prescription. On ne peut espérer la voir disparaître, lorsque, comme celle que je signale, elle a son principe dans un sentiment bien ou mal entendu de dignité nationale.

IV

Commerce.

Si l'on excepte Pest, centre d'un immense commerce transit, de Bretzin à Cronstadt, où de grandes foires donnent lieu à des échanges entre la Gallicie, la Valachie et l'Autriche, la situation commerciale de la Hongrie est une des moins développées qui existent au monde. Quand la position entièrement méditerranée de cette contrée, le mauvais état des routes, le cours rapide de ses fleuves vers des pays qui ne présentent aucuns débouchés, et leur difficile navigation vers ceux où la consommation serait plus active, ne seraient pas des obstacles absolus, à l'extension de son commerce et de son industrie, une cause suffisante se trouverait dans l'état reculé de sa civilisation, dans l'imperfection de ses institutions, dans le mode de répartition de la propriété, dans le classement de la société elle-même.

A ces causes il faut bien joindre deux volontés ordinairement divergentes, qui se réunissent cependant pour atteindre un but désastreux.

Dans sa prétention d'être un état indépendant, et de peur qu'on ne la confonde avec l'Autriche, dont le souverain gouverne les deux pays, la Hongrie ne réclame pas contre les mesures qui frappent son commerce à l'égal de celui des nations étrangères, parce qu'elle y voit une reconnaissance implicite de la situation qu'elle veut avoir. La faculté qu'elle a de s'administrer, d'avoir des impôts spéciaux, de solder son armée[1], lui paraît une suffisante compensation des mesures prises à son égard dans l'intérêt de sa nationalité. Sa richesse et sa civilisation gagneraient beaucoup à ce qu'elle sacrifiât quelque chose de sa fierté.

Le gouvernement autrichien ne contrarie en rien les prétentions de la Hongrie. Il la traite

---

[1] La Hongrie entretient une force permanente de trente mille hommes d'infanterie régulière et une milice de soixante mille hommes, dont huit mille de cavalerie.

Les troupes régulières sont soldées sur le fonds des contributions. La milice est entretenue, en temps de paix, au moyen de concessions territoriales; en temps de guerre, elle est soldée comme l'armée régulière.

comme un pays complètement distinct par sa constitution et ses intérêts. Il la considère comme une contrée de production pour ses matières brutes, et de consommation pour les produits manufacturés des autres provinces de la monarchie; et afin d'arriver à ce double but, il établit des droits de douane sur les vins, les blés, les tabacs, les chevaux et les bœufs de cette contrée.

Malgré ces entraves, les exportations, quoique ne consistant qu'en matières brutes dont la main-d'œuvre est perdue pour le pays, établissent sur les importations une balance de dix à douze millions de francs par an.

Dans ce résultat, les vins figurent pour une somme très notable. La Hongrie en récolte en très grande quantité, et des plus variés et des meilleurs du monde entier. Parmi eux figurent en première ligne les vins de Tokai [1].

---

[1] La célébrité des vignobles de Tokai aurait pu suffire pour m'attirer vers cette ville. Je dois avouer que le respect humain m'y a seul conduit : j'ai voulu échapper au reproche de ne l'avoir pas vue.

Tokai, que devrait favoriser sa situation au milieu d'un pays fertile et au confluent de deux rivières navigables, n'est ni une riche, ni une belle ville. Par un de ces hasards qui s'appliquent aux choses comme aux hommes, elle doit son renom à des circonstances qui lui sont étrangères; car ses environs ne produisent qu'une faible partie du vin qui lui emprunte son nom.

Ce vin est composé avec des raisins récoltés à une époque très avancée de maturité, auxquels on mêle, soit d'autres raisins plus

Le blâme relatif à la stagnation du commerce et de l'industrie en Hongrie ne doit pas, comme je viens de le dire, retomber exclusivement sur l'Autriche ; une part fort large doit être faite aux institutions et aux habitudes locales qui en arrêtent l'essor, au mode de distribution de la propriété, au peu de progrès de la civilisation, au défaut d'une éducation convenable dans les classes qui pourraient le plus efficacement contribuer au développement de la prospérité publique, aux préjugés qui forment une espèce de code de conduite, de raisonnement même pour toutes les classes de la société.

La Hongrie a le tort de ne pas chercher à se créer une industrie qui ne tarderait pas à trouver des débouchés en dehors de ses limites, et à amener le gouvernement à consentir à des échanges d'autant plus actifs qu'en travaillant pour la

---

mûrs encore et à moitié secs, soit un jus épais ressemblant par sa consistance à de la mélasse, extrait de ces mêmes raisins.

Pour obtenir ces deux espèces de maturité, on prolonge la vendange jusqu'aux derniers jours d'octobre.

Les vins obtenus par l'un et l'autre de ces procédés sont connus sous les noms d'*Ambruch* et de *Troken-beers*.

Le sol où croissent les vignes est un sable brun d'une grande finesse, qui fermente avec les acides.

Il n'est pas aussi difficile qu'on le pense généralement de se procurer du vin de Tokai, même des meilleures qualités, à Tokai et dans les caves où il est recueilli ; le prix ne dépasse pas 6 ou 8 francs le litre.

consommation d'un autre pays elle accroîtrait la sienne propre. En attendant cette désirable amélioration, elle souffre de ce malaise résultant de la stagnation des produits, de la pauvreté lourde et accablante que créent la surabondance et la pléthore.

V

Diète.

Ce que j'ai dit de la composition et de la manière de procéder de la Diète de Transylvanie s'appliquant à celle de Hongrie, je bornerai à quelques renseignemens ce que j'ai à dire de cette dernière.

Les élections se font, non par des scrutins qu'un grand nombre d'électeurs seraient fort embarrassés pour écrire, mais de vive voix. Chacun crie; et pour mieux se faire entendre, on se presse autour de la table qui reçoit le *comte* et les *vicomtes* chargés de recueillir les suffrages. Presque toujours les scrutateurs n'échappent à la suffocation qu'en montant sur la table.

Les élections donnent lieu à des débats fort animés, quelquefois même à des combats. Il y a peu d'années que, dans une circonstance de ce genre, les sabres vinrent à l'appui des voix, et la mort de sept des votans assura le triomphe du candidat auquel ils s'opposaient.

C'est au milieu de ce vacarme, de ces violences, que se font les choix des membres du sénat hongrois. La Hongrie est encore un de ces pays où le système constitutionnel ne produit pas toutes les merveilles attribuées à cette forme de gouvernement. On ne sait même ce qui serait advenu de la monarchie, si les souverains de la maison d'Autriche n'avaient comprimé du poids de leur pouvoir et de l'adresse de leur conduite la turbulence des gouvernés et les vices du système. Les effets de ce système qui frappent le plus l'étranger parcourant le royaume sont l'absence totale d'une bonne administration, le manque de routes, une opposition au gouvernement qui semble n'avoir d'autre but que de protéger des abus, une liberté sans frein dont la nation ne jouit que par représentans, et que ceux-ci étendent jusqu'à l'asservissement des représentés.

VI

Presbourg. Vienne.

La contrée entre Pest et Presbourg ne présente aucun intérêt au voyageur qui vient de parcourir la Hongrie, dont elle rappelle les steppe vastes et tristes, les pauvres villages, et les habitans dépourvus de bien-être et de civilisation.

Presbourg, situé à l'extrémité d'une plaine au pied d'une montagne que domine un palais du roi, n'est qu'une de ces belles villes que rien ne recommande d'une manière spéciale. Habité par une grande partie de la noblesse hongroise elle renferme les établissemens que réclame cette classe de sa population : des palais, des promenades, des bibliothèques, un théâtre, un *casino* Les hauteurs qui l'environnent offrent des point de vue plus étendus que gracieux, mais que, dans le pays, on est convenu de trouver admirables.

Entre Presbourg et OEdembourg, au milieu d'une plaine marécageuse qui se termine au lac de Neusiedel, on voit le château d'Esthérazy. C'est un édifice immense et d'une architecture assez régulière. Une cour fermée par une grille est entourée du corps principal du château et de deux ailes disposées en courbe. Un vaste perron conduit au premier étage où se trouve un salon, dont le plafond s'élève à la hauteur de la terrasse qui couronne le bâtiment. Cette pièce est la seule qui réponde par ses proportions et son ameublement à la magnificence extérieure de l'édifice, quoique l'on en fasse valoir un grand nombre d'autres, et qu'à défaut de choses qui en vaillent la peine on montre des porcelaines et des magots de la Chine et du Japon.

Le parc qui entoure l'habitation est mal planté et la végétation y est chétive. En général, cette habitation donne l'idée d'un grand luxe dirigé par un goût fort équivoque, et d'une grande dépense contrariée par une nature rebelle.

J'arrivai à Vienne par la magnifique avenue du Prater. La large rue de Léopoldstadt me conduisit à un pont fort mesquin sur lequel je traversai un bras du Danube.

Dans une enceinte fort resserrée par des fortifications converties en promenades, sans avoir rien perdu de leur forme primitive, se croisent des rues peu larges, admirablement pavées, assombries par des maisons très élevées, encombrées par une circulation fort active d'équipages élégans; c'est la ville de Vienne. C'est là que, dans de vastes palais, dans des hôtels qui paraîtraient magnifiques, s'ils étaient plus favorablement encadrés, réside la noblesse, qui croirait déroger si elle passait l'hiver dans les faubourgs. Ce tribut payé à l'usage, on vient, dès l'apparition de la belle saison, s'établir dans des demeures somptueuses qu'il est du bon ton de posséder en dehors des murs.

Il faut voir Vienne pour se faire une idée de ce que procure de désagréable une réunion mal ordonnée de choses fort belles.

L'architecture a déployé là tout son luxe en édifices dont la construction ne laisse que bien peu de prise à la critique; mais tout cela manque d'espace. On se demande à quoi bon tant de dépenses pour des constructions dont il est impossible de saisir l'ensemble, et dont à peine on peut surprendre quelques uns des détails. On applique surtout cette question ou ce reproche au palais impérial, bâti, à des époques différentes, sur des plans sans homogénéité, et dont on n'a fait qu'une agglomération de parties mal liées entre elles, masquées par des maisons particulières, et sans autres issues que des arcades incommodes et servant de communication entre la ville et un des faubourgs.

L'irrégularité des places publiques n'est sauvée que par la multitude de monumens que l'on y a jetés. Une seule place a échappé à ce double défaut. Trois de ses côtés sont formés par des bâtimens dépendans du palais impérial, et elle est décorée d'une très belle statue équestre et en bronze de l'empereur Joseph II.

Le mélange de briques et de bois employé dans la construction des maisons ne contribue pas à égayer l'aspect de la ville. Les édifices publics sont généralement en pierres grises, ou en briques.

Les auberges ne répondent, ni par leur nombre, ni par leur tenue, à ce que l'on serait en droit d'attendre dans une ville aussi populeuse et aussi fréquentée par les étrangers que l'est Vienne. Est-ce parce que les voyageurs qui doivent prolonger leur séjour n'y restent que le temps nécessaire pour se procurer des appartemens garnis? L'habitude de préférer ce genre de logemens n'est-elle que le résultat de la mauvaise tenue des auberges? Je l'ignore : il se pourrait que l'un et l'autre fussent à la fois cause et effet.

Le goût des arts est fort répandu : il est peu de palais qui ne renferment des objets précieux en peinture et en sculpture, et des collections curieuses ou utiles.

Sous le rapport de l'instruction et des sciences, Vienne est dotée d'un nombre suffisant d'établissemens publics et particuliers. On dit que l'enseignement pourrait être conçu sur un plan plus large et plus rationnel que celui qui existe.

La bibliothèque impériale renferme trois cent mille volumes. Elle se fait remarquer par le choix et la beauté typographique des ouvrages qu'elle renferme, non moins que par le luxe de ses ornemens. Elle s'accompagne d'un riche cabinet de médailles et d'une collection très complète et parfaitement classée de minéralogie.

Dans un des faubourgs se trouvent deux palais, ancienne résidence du prince Eugène de Savoie, maintenant convertis en de riches musées. Dans l'un, on voit, distribuées dans une longue suite d'appartemens et classées suivant leur ordre chronologique, la réunion la plus complète qui existe d'armures et d'armes de tous les pays et de tous les âges, depuis le bouclier d'osier du Sarmate et la hache de pierre du Druide jusqu'à la cuirasse du carabinier et le fusil à baïonnette du fantassin. Dans l'autre, on admire une belle collection de tableaux. Cette collection est distribuée par écoles ; et chaque école présente rassemblés les tableaux de chaque maître. Cette méthode a l'avantage de familiariser l'observateur avec le genre et le faire des peintres connus, et de graver plus profondément dans l'esprit l'impression qu'ils y ont laissée.

L'école italienne est la plus dignement représentée sous le rapport du nombre et du choix des morceaux qu'elle a fournis. J'ai vu ailleurs peu de meilleurs ouvrages de ses différens maîtres. On m'a présenté comme originaux, et j'ai trouvé assez beaux pour qu'il m'ait été impossible d'en récuser l'authenticité, une foule de morceaux devant lesquels je m'étais extasié dans tous les cabinets d'Italie. Ils me procuraient ce genre de plaisir que l'on goûte à revoir d'anciennes connaissances. Lesquels n'étaient que des copies? Je laisse à plus habile ou plus hardi que moi à prononcer : les tableaux que j'avais sous les yeux me semblaient fort beaux. Leurs *Sosies* que j'avais vus précédemment avaient produit sur moi une impression semblable. Je ne cherche jamais, dans les occasions de ce genre, à troubler mes jouissances par la pensée d'une erreur ou d'une surprise. J'ai de la foi, tant que je peux. Quand elle me manque, je fais comme si j'en avais. C'est, à quoi qu'on l'applique, un moyen de se procurer du bonheur.

Des jouissances du même genre m'attendaient

au palais de Lichtenstein, dont les magnifiques appartemens n'ont plus d'autre destination que de renfermer mille ou douze cents tableaux, dont la vue est offerte au public avec la plus noble générosité. Là encore j'ai vu un grand nombre de morceaux que je croyais n'exister qu'à Venise, à Rome, à Florence, à Paris. Il y a des originaux que l'on rencontre partout. Quand ils ont quelque valeur on ne doit pas s'en plaindre.

Il ne saurait entrer dans mon plan de donner une description détaillée de la ville de Vienne. Je me bornerai donc à dire que j'ai vu plusieurs de ses immenses palais sans y rencontrer autre chose que ce qui se trouve dans toutes les habitations de ce genre; que j'ai visité ses églises, dont une, la cathédrale, est remarquable par son style et ses proportions, et une autre, l'église des Augustins, par le monument de l'archiduchesse Christine, l'un des plus admirables ouvrages de Canova; que je suis entré au théâtre de l'Opéra où j'ai entendu de la musique selon mon goût et mon amour-propre national; car on n'y jouait que des opéras des meilleurs compositeurs français, accompagnés de fort beaux ballets.

A mon très vif regret, je n'ai vu de la société de Vienne que quelques uns de ses membres. La belle saison et le couronnement de l'Empereur à

Prague avaient privé la ville de la plupart de ses notabilités.

Plusieurs des faubourgs de Vienne possèdent des promenades agréables; mais l'un d'eux, le Léopoldstadt, renferme la plus belle peut-être que l'on ait jamais créée. Le Prater, c'est ainsi qu'elle se nomme, occupe une île du Danube d'une lieue de longueur sur une demie de largeur. A travers une forêt d'arbres gigantesques, sont percées des avenues dont les bords sont égayés par des hameaux, des fabriques isolées, des scènes de tous genres. Le concours d'une population qui vient y chercher et apporter du plaisir, les brillans et nombreux équipages qui s'y croisent, la réunion de costumes tous différens entre eux et plus variés dans les états autrichiens qu'ils ne le sont quelque part que ce soit, tout compose un spectacle unique au monde.

VII

Environs de Vienne.

Les sites les plus pittoresques des environs de Vienne sont occupés par des châteaux, des palais et des maisons de plaisance. Non contens de la riche végétation qui les entoure, leurs propriétaires les ont ornés de serres où ils entretiennent une végétation exotique : l'exemple leur en avait été donné par le dernier empereur, qui avait réuni à Schœnbrunn une des plus belles collections de plantes qui existe. Les divisions du parc de cette résidence se recommandent par des objets propres à intéresser la curiosité des savans et à amuser celle des gens qui ne cherchent qu'une vaine distraction.

Ces derniers trouveront davantage à satisfaire leurs goûts dans le parc de Luxembourg : c'est là que, sous la direction du bon goût, le caprice et la frivolité ont réuni tous les objets qu'ils ont inventés.

A quatre lieues de Vienne, au milieu d'une contrée plate et sans variété, il y avait un marais à l'extrémité duquel un souverain, amateur sans doute de la chasse aux canards, avait fait construire une maison fort simple. L'empereur François II devina que l'on pourrait convertir ce sol, couvert de roseaux et de bois, en un jardin délicieux. Le terrain était humide et uni : il creusa des canaux pour recevoir et écouler les eaux, et des terres qui en sortirent il exhaussa les parties trop unies qui les environnaient; à l'aide d'éclaircies pratiquées dans les forêts et de plantations habilement distribuées, on donna des cadres à des points de vue dont le vague n'avait pas même permis de soupçonner l'effet. A des temples, à des édifices d'un style noble se mêlent des constructions d'un genre moins relevé : ces fabriques, toutes d'un goût parfait, répandent de l'intérêt dans cette vaste composition; ici on voit une métairie et ses accessoires; là des cabanes très simples extérieurement, ornées à l'intérieur de tapisseries et de dessins de la grande Marie-Thérèse; ailleurs une colonne, vénérable monument du moyen-âge; plus loin, au milieu d'un lac aux contours pittoresques, s'élancent au dessus des cimes d'un massif de chênes séculaires les tours crénelées d'un château du douzième siècle; tout à côté, ombragé par un bois de sapins, s'étend un carrousel avec tout ce qui peut donner une idée précise et complète de ce genre d'amusement, dont le nom seul est connu de nos jours. L'architecture du château, sa distribution, son ameublement, rappellent avec la plus scrupuleuse fidélité le style, les mœurs, les traditions d'une époque que l'on rend pour ainsi dire au mouvement, à la vie, et que l'on livre ainsi à la curiosité, à l'étude sérieuse même de notre siècle. Ceux des matériaux employés à la construction, qui devaient avoir un caractère spécial, ont été tirés d'édifices du genre dont ils étaient destinés à rappeler le souvenir : les pavés, les plafonds, les lambris, les meubles et les vitraux, les armes, les instrumens de musique, les ustensiles de ménage, tout est ancien, tout est authentique, et un grand nombre de ces pièces se recommandent par un intérêt historique. Dans ce musée, consacré à une des grandes divisions de l'histoire européenne, on peut acquérir une connaissance exacte de ces temps si pleins d'intérêt, et l'on doit de la reconnaissance au prince éclairé qui a eu l'heureuse pensée de sortir, pour créer ce musée, des habitudes simples qui caractérisent les actes de sa vie publique et privée.

Ces habitudes se font remarquer dans tout ce qui a rapport à la famille impériale. Les palais qui servent de résidence sont meublés avec une grande simplicité : dans les appartemens occupés par le dernier empereur, à Luxembourg, on voit une table de noyer garnie d'une écritoire de faïence et de canifs à manches de bois, des chaises à coussins recouverts en toile, des lits en bois de cerisier; voilà ce qui suffisait à cette grandeur sans faste, qui laissait à l'étiquette des jours d'apparat le soin de faire les honneurs du rang suprême, et écartait d'elle tout ce qui aurait pu la distraire des soins plus importans de sa haute position.

En Allemagne, et surtout en Autriche, quand on veut rencontrer de la magnificence, c'est dans les palais de quelques particuliers qu'il faut la chercher; c'est chez les Esthérazy, les Lichteinstein, les Schwartzemberg, que l'on peut saisir dans sa fuite quelques restes de ce faste *princier* que le siècle actuel pousse et balaie devant lui, pour faire place aux habitudes plus simples qu'il traîne à sa suite et qu'il impose avec autorité à la génération présente. Ces existences immenses, qui se composaient de tant de milliers d'existences, se brisent chaque jour; les masses qui, en définitive, prenaient part à la distribution de ces fortunes colossales, se disputent leurs débris. Pour être différente, leur condition sera-t-elle plus heureuse? Gagnera-t-on en indépendance l'équivalent de ce que l'on perd en réalité? c'est ce qu'il est difficile de décider.

VIII

Kirchberg.

—

La contrée que l'on parcourt pour se rendre en Bohême n'a, jusqu'à une vingtaine de lieues de Vienne, rien qui soit propre à satisfaire la curiosité. Quelques petites villes se succèdent à des distances fort rapprochées, dans une insignifiante vallée. Ce n'est qu'au delà d'une arête de montagnes qui sépare le bassin du Danube de celui de l'Elbe que les aspects changent. La contrée, fortement ondulée, est parsemée de bouquets de sapins et de lacs d'une faible étendue; les habitations sont groupées par petits hameaux.

Des chapelles isolées, des croix, et ces monumens de forme ronde ou carrée, si multipliés en Allemagne, et qui renferment une image du Christ ou de quelque saint, jettent de la variété sur le paysage, tout en témoignant de la dévotion des habitans.

Je m'étais proposé de faire quelque séjour dans ce beau pays. Là, trois générations de rois attendaient dans un château d'emprunt qu'on leur eût désigné le lieu où il leur serait permis de fixer leur infortune. J'étais appelé près d'elles par le désir de revoir mon ancien souverain et de lui offrir mon dévoûment comme une consolation, ma reconnaissance comme l'acquit d'une dette, mes vœux à défaut de mes services désormais inutiles; c'était, on le voit, le devoir qui me conduisait là. Je venais confondre mon exil avec le sien; étudier le malheur dans ce qu'il a de plus sublime, l'immensité et la résignation; apprendre à le supporter à cette école où on le professe sous tant de formes diverses; réduire la part que j'ai dans une haute adversité, par le rapprochement des proportions de mes maux avec celles des infortunes que j'allais contempler. Je venais enfin puiser là du courage contre un avenir à travers lequel mon imagination a renoncé à chercher de l'espérance.

J'ai trouvé bien au delà de ce que je m'attendais à y rencontrer. On m'y tenait en réserve de la bienveillance et quelque souvenir des preuves de dévoûment que j'avais données dans des temps difficiles ; ce souvenir, cette bienveillance, s'accompagnaient de tant de marques de bonté, j'étais si disposé à me faire illusion, que je les prenais pour de l'affection, et que j'ai emporté la pensée qu'ils en étaient réellement.

Les années n'ont pas plus altéré les formes extérieures du roi que les malheurs n'ont aigri son caractère. Dans un château du fond de l'Autriche, sans le moindre vestige de cet éclat qui l'environnait en France, c'est la même sérénité, la même grace, la même manière d'accueillir qui le faisaient aimer au milieu des pompes des Tuileries. Il se plaît à parler de la France, et c'est toujours vers ce sujet qu'il ramène la conversation. C'est, au reste, une habitude, je dirais presque un besoin de famille ; et, dans ce genre d'entretien, on peut observer l'acte le plus sublime dont la vertu soit capable : le pardon, quand l'offense subsiste.

M. le Dauphin et Mme la Dauphine n'ont pas plus changé que le roi. C'est la même manière de juger les évènemens et les hommes, la même disposition à l'indulgence, la même aversion pour tout ce qui prend le caractère d'un reproche.

Près d'eux, s'élève un jeune prince, beau, spi-

— 53 —

rituel, chaleureux dans ses affections, plein d'élan, doué de toutes les quatités propres à répandre de l'éclat sur une haute situation qui lui était destinée. Une éducation dirigée sans faiblesse et sans complaisance, et dans laquelle on sait tirer parti du malheur comme de l'élément qui doit le plus en assurer le succès, a fait entrer dans sa jeune tête autant de connaissances qu'il en faudrait pour mériter à un homme fait une réputation de savant. L'allemand, l'anglais, l'italien, lui sont familiers comme le français. Il excelle dans tous les exercices qui réclament de l'adresse et de la vigueur; et des manières pleines de noblesse et d'aisance répandent un charme indicible sur tout ce qu'il dit ou ce qu'il fait.

Qu'adviendra-t-il de tant et de si heureuses dispositions? Personne ne saurait le prévoir. Ce que l'on peut dire avec confiance, c'est que, sous quelque forme que se présente l'avenir, qu'il soit rigoureux ou favorable, Henri ne lui fera pas faute.

Tout ce que le cœur peut offrir de bon et d'élevé, tout ce que l'esprit peut avoir de justesse et d'agrément, tout ce qu'une raison précoce peut offrir de solide, tout ce que les manières peuvent produire d'entraînant, se trouve réuni chez Mademoiselle.

Les momens passaient vite près de cette famille auguste qui a pris, comme si elles lui avaient toujours été aussi familières, les habitudes de la vie privée, et qui ne rappelle ses grandeurs passées que par la noble simplicité dont elle s'entoure. Je m'éloignai du château de Kirchberg emportant des souvenirs qui ne s'effaceront jamais [1].

---

[1] C'est dans les derniers jours de septembre 1836, à Kirchberg, et sous l'impression des sensations que j'éprouvais, que ces lignes étaient écrites. Quelques semaines après, je pleurais avec tous les Français fidèles Charles X, ce prince ami de son peuple, dévoué à la gloire et aux intérêts de la France, et pourtant méconnu, si atrocement calomnié! Après avoir déployé sur le trône tout ce que la vertu a de plus pur, il lui était réservé de présenter dans l'exil le modèle le plus accompli d'une noble résignation, d'une indulgence qui s'étendait à tout, d'une dignité toute royale.

Ceux qui, comme moi, ont connu et suivi le roi Charles X dans ses fortunes si diverses, ne peuvent que s'indigner de l'acharnement avec lequel on a dirigé l'opinion contre ce cœur si droit, cette âme si bienveillante, cet esprit si gracieux et à la fois si élevé; et des efforts que l'on emploie encore pour arrêter la réparation que l'opinion publique enfin, ramenée à la vérité, se dispose à faire à sa mémoire.

IX

Ratisbonne.

En m'éloignant de Kirchberg je me dirigeai vers Ratisbonne. Le pays que je traversai ne présente aucun caractère qui lui soit propre. Il se compose de plaines ondulées au milieu desquelles sont jetés à d'assez grandes distances des villages, des villes, et quelques chateaux. Deux rangées d'arbres dessinent les continuelles et inutiles sinuosités des routes dont on voit la direction se porter du fond des vallées sur la crête des montagnes qu'il eût été facile de leur faire contourner. A l'exception de Budweis, petite ville bien bâtie, régulièrement percée et ornée d'une belle place, je n'ai pas vu un seul lieu qui mérite une mention spéciale.

Ce que j'ai observé des habitudes et des costumes de la population ne présente pas plus d'intérêt. Personne ne parle le français. La langue allemande elle-même n'est pas familière au peuple. Il en résultait pour moi une grande difficulté à me faire comprendre dans les auberges et sur les routes. Je n'oserais dire que cette contrariété n'ait pas influé sur l'opinion peu favorable que je me suis faite de cette partie de l'Autriche et de la Bohême.

Je pris pour compensation de l'ennui de la route que je venais de parcourir l'intérêt que me présenta Ratisbonne, ville romaine, ville de Charlemagne, ville moderne, marquée du sceau de chacune de ces trois époques.

L'époque romaine est rappelée par un grand nombre d'inscriptions et de monumens funéraires, par quelques pans de murailles, et par des statues qui n'ont d'autre mérite que leur antiquité.

Celle de Charlemagne et des siècles suivans domine. Les monumens les plus importans prennent date de cette époque ou sont marqués de son empreinte. Sur la première ligne on doit placer la cathédrale, magnifique édifice que le roi de Bavière fait restaurer avec ce goût parfait et cette générosité qu'il applique à toutes les entreprises de ce genre. Les vitraux coloriés des fenêtres, dont plusieurs manquaient, viennent d'être complétés. Des chapelles, des tombes, qui n'étaient pas en harmonie avec la décoration de l'édifice, sont remplacées par des ornemens d'un style plus convenable. Dans peu de temps, cette basilique, témoin de tant d'évènemens marquans, sera digne des souvenirs qu'elle rappelle.

L'Hôtel-de-Ville ne mérite pas moins de fixer l'attention. C'est un édifice de l'école dite gothique, irrégulier, comme tout ce qu'elle produisait, dans sa distribution intérieure et extérieure, mais qui n'en est que plus propre à favoriser l'étude que l'on veut faire de cette phase architecturale. Les boiseries et les meubles de plusieurs des appartemens remontent à la construction même de l'édifice.

Après que j'eus visité les salles où siégeaient les membres de la diète germanique, on me fit descendre dans les cachots qui, eux aussi, ont conservé leur distribution et leur atroce ameublement. Leur dimension calculée de manière à ce qu'un homme, quelque petit qu'il fût, ne pût s'y tenir ni debout ni couché, la privation complète de lumière et de renouvellement d'air, la forme plus horrible encore de quelques uns qui ne sont que des trous dans lesquels on était descendu au moyen d'une poulie, tout cela suffirait bien pour faire prendre en horreur les temps où la vengeance des hommes, celle même des lois ; s'il était vrai qu'elles fussent respectées, qu'il en existât même, où cette vengeance, dis-je, procédait d'une si effrayante manière. Ce sentiment redouble lorsque l'on entre dans la chambre destinée à la torture. Tous les instrumens de supplice sont là, à la place et dans l'ordre que la cruauté la plus ingénieuse leur avait assignés. On frémit rien qu'à les voir si complets ; si bien entretenus, si prêts à reprendre leurs épouvantables fonctions ; et si l'on a peine à concevoir qu'il se soit trouvé des natures d'hommes assez énergiquement constituées pour résister aux angoisses des douleurs inventées par une telle barbarie, on conçoit encore moins qu'il se soit rencontré des juges capables d'en diriger la progression, et de prendre pour l'expression de la vérité les aveux qu'eux-mêmes dictaient, et que leur répétait le patient à qui l'on ne laissait de force que ce qu'il en fallait pour confesser ce qu'il lui était impossible de refuser de dire.

L'ame navrée, l'esprit attristé, je m'éloignai de ces lieux d'horreur, maudissant la curiosité qui m'avait engagé à y pénétrer, vouant à l'exécration l'époque où ce que l'on appelait la justice se déshonorait par l'emploi de tels moyens, et me réconciliant un peu avec la justice de l'époque actuelle qui, si elle n'est pas exempte de préventions, si elle se laisse influencer par des considérations au dessus desquelles elle devrait s'élever, écarte au moins, des peines qu'elle inflige, les abominables accessoires qui précédaient et suivaient les sentences d'autrefois.

L'émotion que je venais d'éprouver n'était pas entièrement calmée qu'elle se raviva à la vue de l'emplacement sur lequel existait un hôpital brûlé à la prise de la ville, en 1809, avec seize cents malades ou blessés qu'il contenait. Certes, ces malheureux ont dû souffrir autant que ceux à qui l'on avait fait subir le supplice du siége de clous, de l'estrapade ou de la poulie ; certes, il n'y avait pas contre eux de présomptions de culpabilité ; certes, le nombre des victimes était beaucoup plus grand que celui des malheureux qui s'étaient succédé dans ces lieux de terreur. Eh bien ! leur sort me causait moins d'émotion que celui de ces derniers. Je n'avais que de la pitié pour le malheur des uns ; celui des autres m'inspirait de la pitié, de l'horreur, tout ce qui soulève l'ame et fait regretter d'appartenir à la nature humaine.

Plusieurs centaines de maisons avaient eu le sort de l'hôpital. Les habitans ont jugé que c'était assez de gloire comme cela. Ils ont songé à leur sûreté, et demandé et obtenu la destruction de ces malencontreux remparts qui leur avaient valu l'honneur d'une belle défense et toutes les conséquences d'une prise d'assaut. Les fortifications rasées ont fait place à des promenades bien distribuées, bien ombragées, et ornées de monumens érigés à des hommes dont la mémoire se recommande par des talens, des services ou des vertus. On voit là, signalés à l'admiration ou à la reconnaissance publique, les noms de généraux, de savans, de magistrats, de bienfaiteurs des pauvres. Il me semblait, en parcourant ce musée consacré au mérite, que le bien ne devait pas se faire attendre de la part de ceux qui pouvaient le faire, que l'émulation devait être activement entretenue parmi ceux qui pouvaient se montrer avec éclat, dans une ville où l'on savait si bien apprécier une conduite honorable.

Le palais du prince de la Tour et Taxis n'avait pas échappé à mes investigations. Rapproché du couvent qui en est devenu une annexe, il en a pris le système architectural. C'est une immense maison sans caractère, sans rien qui en indique la destination. L'imagination y logerait une centaine de capucins ou de camaldules, tout aussi bien qu'un des princes non souverains les plus riches de l'Europe. A ce palais sont joints les bâtimens nécessaires au faste de son opulent possesseur.

Je terminai ma journée par une excursion au

Valhalla. Les personnes peu familiarisées avec la mythologie du nord vont me demander ce que c'est que le Valhalla. Je leur répéterai la réponse qui me fut faite à la première question que j'adressai à ce sujet : « C'est le Valhalla ! » Ainsi que je le fis, elles insisteront pour avoir une réponse plus explicite. Ne pouvant obtenir rien qui me satisfît, j'ai été visiter ce fameux Valhalla. Je leur raconterai ce que j'ai vu, leur laissant le soin de compléter par des conjectures ce que je ne pourrai leur apprendre de la destination réservée à cette construction encore inachevée.

Sur une colline de forme abrupte, dont la base est baignée par le Danube, tandis que sa cime domine tout le pays que la vue peut embrasser, le roi de Bavière a eu l'idée de placer un édifice entièrement calqué sur le Parthenon. L'emplacement assigné à l'édifice, bien choisi pour ajouter à l'effet architectural, semble l'être moins heureusement, si l'on se reporte aux habitudes de l'époque actuelle. Nous n'aimons pas à payer des jouissances par de la fatigue, même par un dérangement de routine. Personne n'ira voir le Valhalla que des voyageurs qui n'hésiteront pas à ajouter quelques lieues aux centaines d'autres qu'ils auront faites. Mais les habitans du pays ? c'est tout au plus s'ils font ce pèlerinage une fois dans leur vie, à moins cependant qu'ainsi qu'à celui de la

Mecque on n'attache des priviléges à l'excursion dont il sera l'objet.

L'édifice est encore dans sa boîte, c'est ainsi que l'on peut nommer une enveloppe de planches destinées à mettre à couvert les nombreux ouvriers employés à la construction. Il se compose d'une seule pièce de deux cents pieds de long sur cent-vingt de large, laquelle sera revêtue intérieurement de marbres rouges séparés par des pilastres du même marbre à chapiteaux de marbre blanc. Du plafond, supporté par une riche corniche ornée de statues, descend la lumière à laquelle on prépare trois immenses ouvertures. Le toit reposera sur des colonnes distribuées sur un seul rang pour trois des côtés de l'édifice, et sur deux pour le frontispice. Trois terrasses, communiquant entre elles par des perrons en marbre blanc, se développeront sur le flanc de la colline et présenteront un accès digne de l'édifice dont ils formeront l'accessoire principal.

Les matériaux employés à cette construction sont du plus beau choix, sous le rapport de la consistance, de l'éclat de la pierre, et de l'énorme dimension des pièces. Les statues destinées à orner le fronton sont déjà terminées; je les ai vues à Munich dans l'atelier du sculpteur, et je crois en faire l'éloge le plus complet en disant qu'elles sont dignes de l'édifice dont elles doivent compléter la décoration.

Mais enfin, me répétera-t-on, « quelle est la destination de l'édifice ? » Il m'a paru que c'était une énigme abandonnée à la sagacité des curieux qui voudront la deviner. Voici mes conjectures. Le Valhalla était le paradis d'Odin, et dans ce paradis n'entraient que les héros qui s'étaient voués au service et à la gloire de leur pays. Je me persuade que l'édifice de Ratisbonne est une espèce de Panthéon dans lequel on recueillera, sinon les restes, au moins les noms et ce que l'on pourra des traits des hommes qui ont rendu des services importans à la patrie; et d'après ce que l'on m'a dit, cette patrie, ce serait l'Allemagne tout entière.

Deux choses m'étonnent : le nom celtique donné à un édifice de style grec; le choix de ce style pour un monument destiné, dit-on, à rappeler et à honorer les gloires de l'Allemagne. Peut-être aurait-t-on pu trouver, sinon des modèles, au moins des idées d'une construction en rapport avec la destination et le nom assignés à cet édifice dans les restes des monumens de l'époque d'Odin. Cette critique est de bien peu de valeur; et je ne la hasarde que dans l'impossibilité où je suis de trouver place pour une autre.

X.

Retour en Suisse.

Entre Ratisbonne et Augsbourg, la contrée se montre belle de ses sites, riche de sa culture, gracieuse de l'ordre qui règne dans ses nombreux villages, et de l'air d'aisance de leurs habitans. Elle est partagée en forêts de sapins qui couronnent les mamelons, en cultures variées sur l'inclinaison des côteaux, en prairie dans les vallées. Sans être soumise aux détails minutieux de la culture, la terre reçoit tous les soins qui peuvent contribuer à sa fécondité. Les bâtimens ruraux sont construits en bois et en briques, et couverts en tuiles. On remarque beaucoup de soin dans leur entretien et de propreté dans leur intérieur. Les paysans sont bien vêtus. Tous font les courses qu'ils ont à faire sur des chariots légers traînés par deux chevaux.

Tous ces avantages doivent être attribués à la bonne distribution du sol. Les propriétés ont dans leur étendue cette variété qui permet à toutes les positions sociales de parvenir à la possession, sans que cependant il puisse se former cette classe de *prolétaires* possédant une parcelle du sol qui, à l'inconvénient de ne pouvoir nourrir leur possesseur, joint celui fort grave de le porter à créer une famille vouée d'avance à une inévitable misère.

On objectera sans doute que l'état de choses dont je parle ne prévient pas l'effet d'une trop grande extension de la population. L'objection est fondée ; mais on doit chercher la cause du fait dans le bien-être général, lequel fait illusion sur le point où il s'arrêtera et persuade que les ressources croîtront avec les besoins et s'étendront à une famille entière comme aux deux individus qui l'ont créée. Cet inconvénient n'a pas des conséquences aussi fâcheuses que celui provenant de la cause contraire. Le bien-être est une telle nécessité pour cette heureuse population que l'on n'hésite pas à aller le demander à un autre ciel quand on n'espère pas l'obtenir sous celui de la patrie. On émigre, emportant avec soi les moyens de former ailleurs un bon établissement. Aussi l'émigration, conseillée par une lointaine prévoyance et jamais par une pressante nécessité, n'entraîne-t-elle que des sujets utiles au pays qui les reçoit, et dont l'éloignement serait funeste à celui qui les perd, s'ils n'y faisaient pas excès.

La Bavière aurait cependant des moyens assurés de conjurer cette émigration, et de faire tourner à son profit les bras de tant de citoyens dont, vainement pour elle, elle a fait les frais d'éducation. Ses forêts sont hors de proportion avec ses besoins. Le sol se prête partout à une culture productive, et qui, à l'aide des perfectionnemens qu'elle peut recevoir, le deviendra davantage encore. Le sacrifice progressif de la portion de ses bois qui excède les exigences de la consommation suffirait pour retenir dans la patrie ceux de ses enfans qu'en éloigne l'inquiétude de l'avenir, plus que la nécessité du présent.

Presque partout une population croissante trouverait d'égales ressources. Aussi je ne m'alarme pas plus de ce que produirait l'augmentation de celle de l'Europe que de ce qu'il adviendrait de celle de la Bavière, parce que je vois des moyens de la caser et de la nourrir dans une culture mieux entendue et dans l'utilisation de ces domaines sans maîtres spéciaux, et conséquemment sans utilité réelle, désignés sous le nom de propriétés communales, que renferment encore les contrées les plus civilisées, et que l'instinct irréfléchi des générations précédentes avait réservés, à une époque où la population ne pouvait suffire à la culture du sol, pour une autre époque où, stimulée par de plus grands besoins, cette population serait dans la nécessité de lui demander de plus amples ressources.

Le malaise des populations a sa cause principale dans le vice de leur répartition. Avec de la volonté, de l'intelligence et des soins soutenus, les gouvernemens pourraient remédier à cet inconvénient, et retarder, pour des siècles encore, le danger trop redouté de leur rapide progression.

Je me bornerai à mentionner les villes d'Ulm et d'Augsbourg, dont j'ai parlé dans mon premier voyage en Allemagne [1]. En sortant de cette dernière ville, je suivis la vallée qu'arrose et que trop souvent ravage le Danube. Comme ces enfans dont le caractère violent se révèle dès le premier essai de leurs forces faibles encore, ce fleuve imprime à son cours de la fougue et de l'irrégularité. Sur ses rives fréquemment franchies, des dépôts de terre et de gravier témoignent de ses ravages. Là, comme dans l'immense trajet qu'il parcourt avant de se perdre dans la Mer Noire, il ne prête aucun charme à la contrée

---

[1] *Voyage d'un exilé*, vol. 1, p. 101 et 103.

qu'il traverse. Sur ses bords, tout est bien ordonné, mais tout est grave, sérieux, morne : c'est l'Allemagne dans toute la pureté de son type.

Le Danube n'a pas, ainsi que le Rhin, le Rhône, le Pô et la plupart des grands fleuves, une origine à grand effet. Sa source n'a pas le faste des hautes montagnes, des glaciers, des cascades, des torrens. Elle jaillit, sous la forme d'un faible ruisseau, de la base d'une colline. D'autres ruisseaux, des rivières, ne tardent pas à grossir son cours. Des fleuves lui apportent à leur tour l'immense tribut de leurs eaux, et en font le Gange, l'Orénoque, le Nil de l'Europe.

A dix lieues de Schaffouse, la contrée prend le caractère d'un parc magnifique. Elle offre un mélange de forêts, de pâturages, de montagnes, de pics couronnés de ruines pittoresques. En n'appelant pas la curiosité des voyageurs sur cette partie du grand duché de Bade, on est injuste envers elle.

XI

L'Allemagne.

ROUTE DE MUNICH.

Trois ans avant, le désir de faire connaissance avec des pays que tout le monde n'avait pas vus m'avait poussé dans la Sicile et la Calabre. La même pensée m'appelait vers la Hongrie, la Transylvanie et les frontières de l'empire Ottoman. Je me décidai à consacrer à ce voyage quelques uns de ces mois si longs, si pesans de l'exil, et de substituer à ses habituelles contrariétés celles inséparables d'une excursion dans une contrée dont j'ignorais la langue, dont les usages sont différens de ceux du reste de l'Europe, dont la civilisation est arriérée, dont la vue et l'étendue ne me dédommageraient peut-être pas des fatigues qui m'attendaient. Ces contrariétés ne seraient pas celles de l'exil; au moins, elles me feraient illusion sur ses tristes conséquences. Je n'hésitai pas à m'y résigner, et mon voyage devint une résolution prise.

C'est Constance que je considère comme mon point de départ. J'avais parcouru la Suisse, à l'exception des cantons limitrophes de la France [1]. Il me fallut changer de manière de voyager. En Suisse, où tout excite l'intérêt, où à chaque pas on éprouve le besoin d'étudier ce que l'on voit, et de classer dans sa mémoire tout ce que l'on a vu, on doit aimer à voyager à cheval ou à pied. Il ne devait pas en être de même dans les contrées que j'allais visiter. D'immenses espaces séparaient les points où ma curiosité trouverait à se satisfaire : je ne pouvais me condamner à les traverser lentement, et à prolonger ainsi les privations auxquelles je me résignais. Je laissai donc mes chevaux à Constance, et je montai dans une voiture qui devait me faire faire avec moins d'incommodité le tour de la partie orientale de la domination autrichienne.

Quand on parcourt les rues larges et désertes de Constance, on se demande à quoi servent sa vaste enceinte et ses grands édifices. Il semble-

---

[1] Afin de ne pas interrompre la narration de mon voyage en Suisse, j'ai continué la description de ce pays, sans avoir égard à l'interruption apportée dans mon excursion par mon voyage dans les états autrichiens.

raît que l'on y attend le retour du concile qui s'y réunit dans le XVIe siècle. Mais on n'a plus d'hérétiques à condamner; plus de cardinaux et d'évêques en état de reproduire le luxe qui entourait ceux des temps passés. Les discussions religieuses ont lieu à huis-clos. Les chefs de l'église ont substitué les habitudes simples d'une vie austère à l'éclat de leur existence d'autrefois. Ils ne donnent plus au monde le spectacle de ces réunions somptueuses que l'on appelait des conciles. Constance est donc menacée de ne revoir jamais dans ses murs une solennité du genre de celle à laquelle elle est redevable de sa célébrité, et elle me paraît à jamais abandonnée à elle-même, c'est-à-dire à un état permanent de nullité, qui se terminera par un affaissement total.

Par suite du système hostile à la France, adopté en 1815 par la politique de l'Europe, Constance, située sur la rive gauche du Rhin, et enclavée dans le canton de Thurgovie, appartient au grand Duché de Bade. C'est que l'on a eu moins égard aux convenances de cette ville ainsi dépouillée de toute importance politique, de tous moyens de fortune commerciale, qu'à sa position qui, facilement fortifiée, donnerait accès dans le nord de la Suisse, et fermerait un des passages par lesquels on pourrait pénétrer en Allemagne.

Quand on a vu l'église de Constance, et que l'on a rempli son devoir d'amateur de souvenirs historiques en visitant dans un coin d'une vaste halle qui a servi aux réunions du concile quelques meubles en lambeaux que l'on dit avoir été employés dans cette occasion, quelques cuirasses en bois recouvertes de peau de sanglier, qui pourraient bien, ainsi que le prétend le cicerone, remonter aux croisades, et d'autres objets sans intérêt auxquels on ne prend pas la peine d'assigner une époque, on n'a plus rien à visiter à Constance.

Pour se rendre de cette ville à Munich, on traverse le lac et on débarque à Moësbourg, petite ville passablement bâtie sur la pente d'une colline. La route se développe à travers un pays coupé de vallons peu profonds, et partagé entre des bois de sapins et une culture peu soignée. Elle passe à Ravensbourg, jolie ville dans une riante vallée; à Shlaiz, où l'on voit un vaste château et une belle église; à Mémingen, ville assez importante, au milieu d'une plaine assez semblable à celles de la Beauce; à Landsberg pittoresquement située sur le versant d'une montagne, et que distinguent une très belle église dont le chœur est orné de quelques très bons tableaux, une fontaine d'un style grandiose, des murs flanqués de tours, quatre fois trop étendus pour les maisons bâties dans leur enceinte, et une chute artificielle de la Lech sur les bords du Lammersée, joli lac bien encadré. Voilà ce qu'elle présente de moins insignifiant.

Les campagnes ne sont habitées que par les grands seigneurs et la classe des cultivateurs : on y voit des châteaux immenses et des fermes. Quant à des habitations qui puissent convenir aux classes intermédiaires, on n'en aperçoit aucune. En Allemagne, les individus appartenant à ces classes vont chercher dans les lieux de bains une distraction dont les résultats tourneraient au profit de la contrée, s'ils contractaient l'habitude de la demander à leur séjour dans les terres qu'ils possèdent.

Pendant une distance de cinquante lieues, l'imagination ne trouve à s'exercer sur rien; car il en est des sites du pays que l'on parcourt comme des figures de ses habitans : tous se ressemblent. Ce sont, pour les uns, des bois dont les contours se combinent d'une manière uniforme, avec des champs, des villages à maisons en bois et en briques, groupées autour d'une église à clocher carré; pour les autres, des visages ronds et blafards, des faces aplaties, une taille élevée sans noblesse. Aussi l'intérêt ne s'arrête-t-il guère sur les uns et sur les autres; il n'y a rien qui plaise dans tout cela.

La culture est négligée presque partout ; et où elle ne l'est pas, elle est dirigée sans intelligence. Les jachères, supprimées dans toute l'Europe, sont ici considérées comme une nécessité. Les prairies artificielles sont peu connues ; la charrue entame à peine la surface d'un sol à la vérité peu profond, formé des débris de la végétation sur une épaisse alluvion de cailloux roulés.

Les villages et les fermes sont séparés par des intervalles immenses, et qui doivent nuire à la culture par la perte de temps qui résulte de l'éloiegnment des terres qui en dépendent. Une grande partie des engrais est perdue, et le reste est mal employé. Enfin, avec un sol très étendu, comparativement à la population, et qui pourrait être très productif, le Vurtemberg et la Bavière voient émigrer chaque année une portion assez notable de leurs habitans, qui vont courir les hasards d'une colonisation dans des pays dont la langue, les usages et la religion n'ont aucun rapport avec les leurs, et dont le climat leur sera peut-être mortel. Avec eux sont perdus pour la patrie et les avances faites pour leur éducation, et les capitaux qu'ils emportent, et les forces qu'ils auraient pu faire tourner à son profit.

La division, non de la population, mais des cultures, la création d'habitations plus rapprochées des terres, des fermes moins vastes, une modification rationnelle des procédés agronomiques, doubleraient les produits, et arrêteraient longtemps encore cette émigration pernicieuse pour l'état, funeste aux individus qu'elle entraîne ; et en réagissant à la fois sur la production agricole et sur la consommation industrielle, elle accroîtrait le bien-être général en même temps qu'elle doublerait la force de l'état.

On dira qu'en multipliant les moyens d'établissement ce mode ajouterait aux embarras occasionnés par la surabondance d'une population qui ne trouve déjà plus des moyens suffisans d'existence dans la situation actuelle des choses. Je répondrai qu'avec la population croîtraient les moyens de l'entretenir, et que des siècles s'écouleraient avant qu'elle eût dépassé les ressources qu'une meilleure distribution de la propriété et surtout une culture mieux dirigée lui auraient préparées. Qui sait si d'ici à cette époque de nouveaux procédés ne lui fourniraient pas de nouveaux moyens d'alimentation ? Pourquoi d'ailleurs la génération actuelle assumerait-elle des embarras qu'elle peut rejeter sur celles peut-être fort reculées qui seront appelées à la remplacer ? Je ne comprends rien à cette philanthropie toujours prête à sacrifier le présent à l'avenir, les hommes vivans à ceux qui sont à naître, le positif à d'incertaines théories ; et je croirais travailler pour la postérité, en créant à son bonheur un point de départ dans celui de la génération actuelle.

L'impatience n'est pas un moyen de chasser l'ennui. On s'en aperçoit lorsque l'on parcourt dans tout leur développement les continuelles, ridicules et inutiles sinuosités que l'ineptie des ingénieurs à imprimées aux routes de la Bavière. Dans une contrée absolument plate, sans le moindre incident, ni dans la conformation et la valeur du terrain, ni dans l'intérêt des localités qui puisse contrarier les lignes droites, sans motif apparent, sans le plus léger prétexte, les routes serpentent à travers la plaine, se replient sur elles-mêmes, et trompent à chaque instant l'œil qui leur cherche une direction ultérieure en rapport avec celles qu'elles ont. On marche vers le nord; on voit les arbres qui les bordent s'aligner vers l'est, puis revenir à l'ouest, de manière à ce que la ligne droite déviée par le seul caprice de l'ingénieur et ramenée par l'imagination, traverse à plusieurs reprises ces injustifiables contours. Je ne crains pas d'affirmer que la plupart des routes sont une fois plus longues qu'elles ne devraient être; ainsi l'état a dépensé pour leur construction et dépense pour leur entretien une fois plus qu'il n'aurait dû et qu'il ne devrait faire, et les voyageurs qui les parcourent dépensent dans la même proportion leur temps, leurs forces et leur argent. Que l'on réunisse tous ces excédens de dépenses, et l'on verra à quelles sommes s'élèvent les pertes occasionnées par l'impéritie de quelques individus.

L'état placerait à un énorme intérêt les sommes qu'il consacrerait à l'amortissement, si je puis m'exprimer ainsi, de ce bizarre système de viabilité : il trouverait dans l'aliénation des terrains qu'il rendrait à l'agriculture, une compensation supérieure au montant des indemnités qu'il lui faudrait solder; dans les matériaux des portions de routes supprimées, plus qu'il ne lui en faudrait pour la création de celles beaucoup plus courtes qu'il aurait à ouvrir, et dans l'économie résultant pour lui sur l'entretien, et pour le public sur le parcours, une ample indemnité pour la patrie des avances qui ne seraient pas couvertes par l'échange d'une direction plus longue contre une plus courte. Tôt ou tard on sera amené à une opération du genre de celle que je conseille. Outre le préjudice causé par la prolongation de l'état de choses actuel, on trouvera une augmentation de dépenses dans l'accroissement des valeurs que le sol éprouvera de sa division et du perfectionnement de la culture. Tout conseille donc de différer le moins possible une mesure qui se présente entourée de si faibles difficultés.

XII

Camp romain de Landsberg.

Près de Landsberg, il existe un camp romain, tracé, profilé, tel qu'il serait, si la légion qui en avait creusé les retranchemens en était partie la veille. En le visitant, je m'interrogeais sur les causes de la durée imprimée par le grand peuple à ses ouvrages les plus simples comme à ceux qui avaient le plus de chances de conservation. Je crois en avoir trouvé plusieurs.

Dans les travaux d'une importance majeure, il procédait à grande force de bras, comptait pour rien la dépense en hommes et en argent qu'il avait toujours la possibilité de couvrir, exagérait les précautions de solidité, et semblait porter un défi de destruction à la postérité qui ne l'a que rarement accepté.

Que reviendrait-il en effet de ce renversement

de monumens qui ne donneraient que des matériaux plus chèrement payés que ne le seraient ceux que l'on tirerait des carrières ? Les intérêts sociaux de l'époque moderne sont d'ailleurs trop fractionnés pour fournir les moyens de renverser les créations colossales du peuple antique. Léon X et ses successeurs ont tenté d'arracher au Colysée des blocs pour construire Saint-Pierre ; il leur a fallu y renoncer. C'est tout au plus s'ils ont pu détacher du Panthéon quelques milliers de livres de bronze, pour les fondre en colonnes et élever sous le dôme de la grande basilique le prétendu chef-d'œuvre du Bernin. Que servirait de déplacer les énormes dalles qui pavaient leurs routes ? Mieux vaut détourner de la ligne incommode qu'elles suivaient celles destinées à les remplacer, et ramasser dans les champs les pierres qui leur donneront une viabilité plus facile. Quant à ces monumens d'un moindre intérêt que l'on trouve partout, protégés par une sorte de superstition historique, qui oserait y porter le pic ? Le plus insignifiant, le plus dégradé, le plus incommode même brave les attaques que l'intérêt le plus avoué dirige contre lui, à l'aide de l'anathème toujours existant que les hommes les plus ignorans ne manqueraient pas de fulminer contre celui qui songerait à les détruire.

Mais les camps, dira-t-on, qui les défend ?

Qui empêche de niveler leurs retranchemens? qui les défend? l'excès et l'inutilité de la dépense qu'il faudrait faire pour les détruire. Ces camps occupent presque toujours une situation élevée, et conséquemment de difficile accès et de peu de valeur sous le rapport du sol. Les fossés creusés à une grande profondeur ont amené à la superficie un sol impropre à la culture, dont le déplacement ne compenserait pas la dépense qu'il aurait occasionnée. On laisse les choses dans l'état où les Romains les ont mises, et on se borne à utiliser la terre en faisant pâturer aux troupeaux l'herbe qui la recouvre.

Je pense donc que, si l'on veut tenir compte au peuple-roi de la solidité qu'il a apportée dans bon nombre de ses travaux, on ne doit pas mettre hors de ligne le respect traditionnel dont on nous a fait une sorte de religion pour ceux de ces travaux que leur défaut absolu de grandiose, d'utilité, d'intérêt, semblerait, sinon condamner, au moins abandonner à la destruction.

XIII

Munich.

Lorsqu'il y a trois ans je disais que Munich se continuait, mais ne s'achevait pas[1], je disais vrai. De retour dans cette ville, si j'ai constaté les étonnans progrès qu'elle a faits, je ne remarque pas qu'elle soit près de finir. De nouveaux travaux, de nouveaux et heureux efforts des arts ont marqué ces trois années. D'autres travaux, d'autres merveilles, sont préparés, qui seront suivis par d'autres encore. Car ici l'imagination qui invente et dirige laisse toujours en arrière les entreprises commencées, pour en rêver de nouvelles, qui à leur tour recevront leur exécution. C'est ainsi que j'ai eu à constater la création d'une magnifique statue en bronze du der-

---

[1] *Voyage d'un exilé*, page 105.

nier roi, et son piédestal également en bronze que décorent des bas-reliefs d'un fort beau travail ; d'un obélisque du même métal ; d'une église remarquable par les fresques de ses plafonds ; d'une pinacothèque ; d'une aile ajoutée au palais du roi ; d'un pont. Voilà pour ce qui est terminé. Quant à ce qui ne l'est pas, je ne citerai que de vastes entreprises d'architecture, de peinture et de sculpture, un édifice destiné à recevoir les statues des hommes qui ont illustré la Bavière ; les statues déjà faites de plusieurs de ces personnages ; des groupes colossaux destinés à orner le fronton d'une espèce de temple que, sous le nom de Valhalla, on élève près de Ratisbonne ; voilà ce qui est en voie d'exécution et ce qui est réservé à l'admiration des voyageurs qui iront à Munich s'émerveiller de cette imagination qui invente, de cette volonté qui réalise, de cet ordre parfait qui trouve en lui-même des ressources pour exécuter.

Je suis redevable à deux officiers généraux de la visite qu'il m'a été permis de faire d'un établissement où l'on peut acquérir la preuve que les sciences ne sont pas cultivées en Bavière avec moins de succès que les arts. Le dépôt topographique de la guerre joint à la possession d'une des collections les plus complètes et les plus curieuses de cartes que l'on puisse voir, la confection d'une carte de la Bavière, exécutée par des ingénieurs et des officiers pris dans les rangs de l'armée.

Cette carte, levée sur une échelle beaucoup plus grande qu'aucune de celles du même genre, est exécutée avec un soin, une précision et un talent admirables. Afin d'en rendre l'intelligence plus facile et de donner une idée plus exacte de la configuration du terrain, elle a été, si je puis m'exprimer ainsi, *traduite en relief*. Cette opération, qui semblerait ne devoir être que purement mécanique, est devenue un moyen d'instruction pour un assez grand nombre de jeunes officiers qui sont occupés à indiquer, par des traits et des couleurs, et les accidens du sol, et le cours des rivières, et la hauteur des montagnes, et l'emplacement des villes et des plus simples hameaux, et les lacs et les routes.

Les principales villes et chaque régiment possèdent une collection de ces reliefs.

Une armée qui, sans les tirer de corps spéciaux, trouve dans ses rangs et en grand nombre des officiers capables d'être employés à un travail aussi compliqué que l'est celui de la levée et de l'exécution de la carte d'un royaume; cette armée, dis-je, doit être classée parmi celles que distingue une instruction portée fort loin.

XIV

De Munich à Saltzbourg.

On traverse un pays sans intérêt pour se rendre de Munich à Wasserbourg, petite ville bâtie sur une presqu'île formée par une rivière rapide, sur laquelle cependant on est parvenu à établir une navigation. Au delà, la contrée présente une succession de collines qui lui donnent un aspect agréable. L'horizon s'agrandit, il embrasse la longue chaîne des Alpes tyroliennes, dont les différens gradins se distinguent à des teintes moins vaporeuses à mesure qu'elles s'affaissent. La configuration du terrain s'opposant dans beaucoup de places à l'écoulement des eaux, il en résulte des lacs de peu d'étendue, sur les bords desquels sont placés de beaux villages. Le sol couvert de cultures vastes, et qui rassurent contre son morcellement, ne porte que du blé, du seigle, du trèfle et des prairies naturelles. Les routes sont bordées de poiriers et de pommiers. Le costume et les maisons témoignent de l'aisance des habitans.

Sur quelques points le paysage se montre plus varié. Ainsi à Beau-Bourg on remarque un de ces sites qui dédommagent de la monotonie d'une longue route, un de ces tableaux que l'imagination d'un peintre semble avoir composés; une jolie rivière se répandant en nappe pour passer sous un pont d'une forme svelte et hardie; sur le bord opposé, un village aux riantes fabriques; sur la crête d'un côteau, une église et ses deux clochers terminés en boules; plus loin, une jolie maison au delà de laquelle se prolonge une zone de bois; et au fond du vallon, une prairie bien verte, coupée par un canal dont l'eau a été empruntée à la rivière voisine.

L'œil qui se complaît dans cette scène gracieuse s'en détourne presque à regret pour se porter vers une autre qui le réclame. Le vallon s'ouvre et présente une perspective plus étendue. Après un premier plan composé d'un rocher à pic sur lequel surplombe un château d'ancienne construction, d'un hameau et d'un pont fort élevé, apparaissent des montagnes assez éloignées. Lorsque j'admirais ce magique tableau, un soleil couchant en éclairait les principales parties, et rendait plus prononcé le noir de celles qu'il laissait dans l'ombre. L'arête des Alpes se découpait sur l'azur d'un ciel sans nuages. Les prairies, dont la récolte occupait un grand nombre de paysans, retentissaient de chants joyeux et présentaient à chaque pas des groupes variés. Tout avait un air de bonheur, l'atmosphère semblait en être imprégnée. Moi-même, étranger à toutes ces joies, moi qui fuyais devant l'exil, je me trouvais presque heureux, je suspendais ma marche, et je goûtais de douces jouissances en contemplant celles des autres. Le sentiment de la patrie revint; adieu les joies qui m'entouraient, adieu ces jouissances surprises, les seules, hélas! que l'on connaisse dans la proscription! Ce souvenir me rappelait des soirs aussi calmes, un ciel aussi pur, des plaisirs aussi vifs... et des amis!..... et une famille! Tout cela je l'avais connu dans ma patrie, tout cela était loin de moi. Je ne pouvais m'en rapprocher que par la pensée; et dès qu'elle prend cette direction, la pensée devient un regret, une douleur; la force lui manque pour s'étendre jusqu'à l'espérance.

Et ce retour dans la patrie, ce rêve sans sommeil de l'exilé, à la réalisation duquel se rattacheraient tant de jouissances, la plus douce de toutes y manquerait pour moi. Un chagrin cruel en troublerait les joies. Vainement je chercherais parmi les êtres chéris qui, au bruit de mes pas, se précipiteraient les bras tendus vers le seuil de la porte, qui m'étreindraient de leurs caresses; vainement j'appellerais celle à qui j'avais espéré pouvoir donner mes premiers embrassemens, celle qui s'en était fait une fête, celle qui avait trouvé dans leur illusion une distraction au chagrin de vivre séparée de moi. Ma mère ne sera pas là pour les recevoir. Ma première visite, en rentrant sur la terre qui m'a vu naître, c'est à une tombe qu'il faudra la faire. Elévation de quelques monumens, séductions entraînantes du bien public auxquelles je me laissais si follement aller, avez-vous dans tous vos souvenirs, auriez-vous jamais eu dans tout votre éclat une compensation à opposer à une telle douleur ?

Ces tristes pensées perdirent de leur amertume à la vue du beau lac de Waging, qui se découpe au milieu d'une plaine légèrement inclinée. Chacun des promontoires dont il est festonné porte une habitation à moitié cachée par des arbres immenses; un lointain de montagnes forme le fond de ce tableau.

Je me détournai là de la route qui conduit à Saltzbourg, pour visiter Traunstein que je ne tardai pas à apercevoir à l'extrémité d'un lac, s'inclinant du sommet d'une montagne vers de vastes bâtimens qui servent à la préparation du sel. Une architecture bizarre et dont je ne pouvais m'expliquer l'objet, étend ses lignes en zigzag entre la ville et les fabriques situées au fond de la vallée. J'appris que c'étaient des escaliers couverts servant à la communication de la ville et de l'usine.

Avant de se dégorger dans le lac, la Traun voit son cours traversé par un barrage destiné à arrêter et conduire dans l'usine les bois qui lui sont destinés. Sur ce barrage se prolonge une chaussée d'où l'on jouit d'une perspective délicieuse.

Amenées d'une distance de dix lieues au moyen d'une suite de tuyaux et de pompes qui leur font traverser plusieurs montagnes, les eaux salifères sont distribuées avec beaucoup d'intelligence dans les diverses usines destinées à leur évaporation et à la confection du sel.

La route qui se prolonge dans les montagnes s'écarte peu de la ligne adoptée pour la conduite des eaux salées. A des distances fort rapprochées, on voit les machines servant à leur transport, et l'on est frappé d'étonnement en remarquant leur simplicité et l'économie qui de leur construction s'est étendue à leur entretien.

Je visitai les mines de Berchtesgaden. Arrivé à une vaste excavation, je la trouvai éclairée par un grand nombre de torches, dont cependant la lumière ne dissipait pas entièrement l'obscurité qui m'environnait. On ne voyait que la lueur des flambeaux : la pièce n'en était pas éclairée.

Le sel est mêlé à une argile fort compacte et à des cailloux roulés. On détache par le moyen de la poudre les parties que l'on veut enlever de cette espèce de *pouding*, et le produit en est jeté dans des réservoirs remplis d'eau où le sel se sépare des matières qui lui sont étrangères. Les eaux ainsi saturées sont conduites aux usines, et par les procédés dont j'ai parlé plus haut.

J'aurais dû arriver à Saltzbourg avant la nuit ; mais j'étais sur des routes d'Allemagne, conduit par des postillons allemands : j'allais lentement, c'est la condition forcée des voyages au delà du Rhin. On s'en étonne à bon droit, quand on regarde les chevaux qui vous traînent : beauté de formes, élévation de taille, vigueur, ils réunissent tout, et à chaque relai la tentation se renouvelle d'en payer la valeur à leur possesseur et de les conserver attelés. Cette fantaisie ne coûterait pas cher ; car pour six ou sept cent francs on pourrait se procurer un fort bon attelage. Au grand désappointement du voyageur, ces animaux que l'on s'étonne de voir si beaux, condamnés aux fatigues de la poste, se traînent plus pesamment que ne le feraient les chétives haridelles des autres pays. Les postillons tempèrent leur allure, au point de leur laisser parcourir à peine un mille par heure (une poste de France), après avoir mis à les atteler un temps double de celui employé partout ailleurs. Instances, prières, menaces, rien n'y fait; et avec de bonnes routes et d'excellens chevaux, l'Allemagne est le pays où l'on voyage le plus lentement.

A moins d'y voyager à pied, il est cependant difficile d'employer d'autre moyen que la poste. On n'y trouve que sur très peu de routes des diligences partant à des heures fixes et ayant des places distinctes pour les classes et les fortunes différentes. A peine voit-on des voitures faisant un service irrégulier, variant leurs prix suivant les circonstances et le caprice de leurs conducteurs, et hors de rapport avec les facultés de cette classe de voyageurs qui, dans la dépense qu'elle fait pour se rendre d'un lieu à un autre, calcule sur l'économie d'un temps qui pour elle a une valeur déterminée.

Il résulte des lenteurs de la poste que la nuit était venue avant que j'eusse atteint les environs de Saltzbourg si renommés par la beauté de leurs sites. Je m'en consolais en songeant que Mariaplain, Léopoldskrone et Aigen seraient encore à la même place le lendemain, et qu'il me serait facile de les parcourir. Ce dont je prenais moins aisément mon parti, c'était d'une visite de mes malles qui serait faite par des douaniers contrariés par l'interruption de leur sommeil; et l'on sait ce que c'est que le réveil d'un douanier! Mes craintes furent confirmées par le grognement et quelque chose de plus énergique qui répondit aux sons du cornet de mon postillon; sons à la vérité bien propres à donner de l'humeur à l'homme le mieux disposé. Celui que je vis paraître l'était fort mal : je pus en juger en l'entendant jurer en français et dire dans la même langue: « Il faut être bien impitoyable pour faire » relever ainsi de braves gens qui n'ont que la nuit » pour se reposer. » Puis promenant une lanterne devant et derrière la voiture, il ajoutait: « Voilà » des malles à n'en plus finir. Si nous avons le » malheur que le vieux Scherer se réveille, » nous en aurons jusqu'à demain matin. Mon- » sieur, lui dis-je, il y a un moyen d'abréger; » c'est de laisser dormir le vieux Scherer, et » d'arranger l'affaire entre nous. Vous avez » envie de vous coucher, moi aussi: la nuit » est fraîche, votre costume est léger; si votre » bonnet de coton vous garantit la tête, vous » n'êtes pas également couvert partout; je crois » même remarquer que dans votre empresse- » ment vous avez négligé de vous munir d'un

» vêtement plus essentiel qu'un bonnet de nuit.
» Je n'ai pas la mine d'un contrebandier. Le
» vieux Scherer n'interrompt pas son somme.
» Vous n'avez pas grande envie de passer quel-
» ques heures à faire dans mes effets une perqui-
» sition inutile. Je ne me soucie pas d'ajouter
» cette contrariété à celle que j'éprouve de vous
» avoir fait lever. La préférence que vous accor-
» dez à l'idiome français pour votre méconten-
» tement, me prouve que vous avez habité la
» France. Vous n'avez pas manqué d'y puiser
» du savoir-vivre. Une poignée de main, et
» ouvrez la barrière. » Le douanier me prit la
main, et la quitta promptement pour faire jouer
la bascule. La lourde poutre se leva : je passai.
Une heure après j'étais à Saltzbourg.

Ces douaniers sont parfois assez bonnes gens:
il s'agit, quand on les prend au saut du lit, de
les presser assez pour qu'ils n'aient pas le temps
de compléter leur toilette. Ils redoutent le froid;
et, comme ils aiment assez l'argent, une poignée
de main bien conditionnée les dispose à abréger
les formalités.

XV

Saltzbourg.

L'admirable vue que celle de Saltzbourg, prise de l'une des montagnes qui dominent cette ville bleue et blanche, à vastes édifices, à élégantes coupoles, à clochers aigus; et si nette, si claire, si riante, que sous ces divers rapports nulle autre ne saurait lui être comparée! Une rivière torrentueuse la divise en deux parties inégales. Sur la rive gauche on voit une vieille forteresse. Ses constructions de toutes les époques, ses tours et ses hautes murailles anciennes, ses trois ou quatre étages de bastions modernes descendent du sommet d'un rocher de mille pieds de haut, et rencontrent un couvent situé sur un des ressauts de ce rocher, avant d'arriver à une ville bien percée, ornée de beaux monumens, et habitée par la portion riche et distinguée de la population : sur la rive opposée, deux faubourgs, dont l'un, resserré entre une montagne et le fleuve, s'étend le long d'une rue étroite et tortueuse, et l'autre s'évase dans la plaine, sans autre limite que des fortifications actuellement fort négligées. Les maisons fort élevées et assez propres à l'extérieur dissimulent en partie le défaut d'aisance de leurs habitans. Un couvent de capucins placé à la pointe d'un rocher s'harmonise avec la misère de ce quartier. Derrière le couvent, un bois entouré d'une muraille crénelée dont les tours à moitié ruinées ont été converties en oratoires; tout autour du rocher, une large vallée parsemée de riantes maisons de campagne; sur les collines, des châteaux remarquables par leur masse quand ils ne le sont point par leur architecture et par les belles forêts à travers lesquelles perce le blanc mat de leurs murs; des églises semblables entre elles de forme et de ton, toutes présentant leur clocher pointu à l'extrémité de leur longue nef, toutes badigeonnées de cette couleur blanche à laquelle aucun édifice ne peut se soustraire; et ces teintes si tranchées du vert des forêts, du jaune des moissons, du blanc des constructions se fondant à mesure que les objets se reculent et se perdent dans un horizon sans limites; telle est la composition de l'admirable tableau dont Saltzbourg occupe le centre.

L'intérieur de cette ville, dont les alentours ont tant de charme, présente aussi de l'intérêt. L'évêché, le palais du gouvernement, un séminaire, les casernes sont de vastes et beaux bâtimens. La cathédrale est un superbe édifice, et plusieurs tableaux, quelques statues, les fresques dont ses voûtes sont décorées, relèvent le mérite de son architecture tout italienne. Une fontaine, à laquelle pour être réputée magnifique il ne manque qu'une quantité d'eau en rapport avec les vasques destinées à la recevoir ; les figures colossales qui supportent ces vasques et les chevaux marins qui se plongent à moitié dans le vaste bassin qui en forme la base ; un abreuvoir décoré de trois belles statues de marbre ; un groupe de la Vierge et de quatre statues allégoriques de dimension colossale, si beau dans son ensemble et si dégradé dans quelques uns de ses détails, que l'on regrette de ne pas le voir en bronze plutôt qu'en plomb ; une galerie de cinq cents pieds de longueur et de proportions plus grandioses que ne le sont celles de la grotte du Pausilippe, ouverte pour procurer à la ville une entrée à travers un des rochers qui l'enferment, et les statues qui en décorent les deux extrémités ; voilà les monumens qui classent Saltzbourg au rang des villes les plus dignes d'être visitées.

Saltzbourg est la création et l'œuvre d'une suite d'évêques et d'archevêques, ses souverains, qui, pour soutenir l'éclat des familles auxquelles ils appartenaient, employaient à son embellissement une partie des immenses revenus dont ils étaient dotés.

On ne peut se défendre d'une inquiétude fondée sur ce qui adviendrait à cette ville si le feu prenait à une de ses maisons : il n'est pas un toit qui ne soit en planches, et l'on ne devine pas le moyen que l'on pourrait opposer à l'action du fléau, surtout si les progrès en étaient favorisés par un vent violent : la ville brûlerait, ainsi que l'ont fait en 1818 plusieurs de ses quartiers ; et ce serait dommage, car elle est fort belle !

Le feu n'est pas le seul fléau qui la menace : à diverses reprises les eaux l'ont envahie ; des blocs de rochers détachés des montagnes en ont détruit des portions considérables : de là cet aspect moderne qui se fait remarquer partout ; mais de là aussi des craintes continuelles sur le retour de ces évènemens.

On ne saurait se borner à admirer l'ensemble de la contrée qui environne Saltzbourg ; on veut en connaître les détails. Une allée d'arbres séculaires invite à diriger la première excursion vers

Helbrun, ancienne maison de plaisance des princes-évêques, maintenant château impérial. La maison est peu vaste : le jardin qui l'entoure et la distribution que l'on a faite des eaux abondantes dont on disposait n'en rehaussent pas le mérite ; mais le parc, exclusivement composé d'un rocher d'une lieue de tour, est remarquable par les accidens du terrain, par la beauté des arbres, par le nombre des fabriques, par la direction des chemins et des sentiers, et surtout par les admirables points de vue que l'on y rencontre presque à chaque pas. Parmi les choses curieuses qu'il renferme, on ne peut manquer de distinguer un vaste théâtre et ses accessoires entièrement taillés dans un rocher.

Léopoldskrone ne se recommande que par l'étendue de sa construction et de sa situation sur le bord d'un lac ; mais ce lac, d'un quart de lieue de diamètre et à moitié caché par des roseaux, manque de cadre ; mais ce château est isolé au milieu d'une prairie, et l'on ne voit pas que l'on ait jamais songé à lui créer des jardins. Léopoldskrone est une de ces belles choses qui n'excitent pas l'admiration, qui ne font pas même naître le désir si irritable pourtant de les posséder. Il n'en est pas de même d'Aigen. Là on voit une assez petite maison presque perdue au milieu des bâtimens qui en dépendent, et un jardin fort bien distribué et très soigné sur l'inclinaison rapide d'une montagne. Pour parcourir ce parc, il faut être pourvu de jambes alertes et de bons poumons, car il est très vaste, et l'on ne fait pas vingt pas sans monter ou descendre des degrés ; en compensation de ces inconvéniens, on jouit de points de vue délicieux, d'un ombrage qui accompagne partout, de scènes variées et toutes parfaitement combinées. On m'avait parlé de cascades : j'ai constaté leur existence par les traces qu'elles ont laissées sur les rochers ; mais je n'ai pas trouvé un seul filet d'eau pour tenir humides les lits qu'elles se sont faits : je crains qu'elles ne se montrent qu'à la fonte des neiges ou après de grandes pluies, circonstances peu favorables pour goûter le plaisir de la promenade.

Un des charmes d'Aigen, c'est, le soir surtout, la perspective que présente Saltzbourg : rien n'est enchanteur, rien n'est féerique comme ce rocher qui se détache sur un ciel doré par un soleil couchant, avec les tours dentelées et la vieille citadelle qui le couronnent ; comme les deux autres montagnes qui complètent l'enceinte de la ville, et qui portent, l'une des fortifications modernes, l'autre un couvent, son église et une immense croix. C'est là que, de ce côté, se borne l'horizon ; mais cet horizon est découpé, net, précis, riche de tons et de la plus admirable composition; plus développé sur la gauche, il s'enfonce avec des montagnes dont les plans successifs se graduent en montant jusqu'à la région des glaciers.

XVI

Hallein.

On ne peut séjourner à Saltzbourg sans aller à Hallein. On ne peut aller à Hallein sans visiter les mines de sel; et de choses curieuses en choses curieuses, on est amené à se bien fatiguer et à peu voir : c'est ce qui, pour la centième fois depuis que je voyage, m'est advenu dans cette excursion. J'en avais le pressentiment; mais j'ai préféré la contrariété d'une course sans plaisir à l'ennui du reproche d'avoir négligé ce qui méritait le plus d'être vu.

Lors même que Hallein ne serait pas à une

faible distance de Saltzbourg, lorsque l'on n'aurait pas à lui opposer un point de comparaison aussi redoutable, cette ville n'en serait pas moins jugée très défavorablement. Sa situation n'a rien qui plaît; ses rues sont étroites, mal alignées, mal tenues; ses maisons sont de chétive apparence: il s'y fait un grand commerce de bois; on y fabrique du sel et de la bière. Cela peut être très avantageux pour ses habitans, mais un étranger n'y trouve aucun sujet d'intérêt : il se hâte donc de sauter sur un siége posé sur quatre roues très basses, et, traîné par deux vigoureux chevaux, il escalade la pente la plus rude que l'on ait jamais eu la pensée de faire franchir à un char. Mieux renseigné, et mettant de côté le respect importun que l'on a la sottise d'avoir pour les usages les plus absurdes des lieux où l'on est, il lui eût été plus commode, plus expéditif et plus économique de gravir à pied la montagne.

Une heure suffit pour atteindre l'entrée des mines. Le permis de les parcourir vérifié, mon nom inscrit sur un registre à la suite de ceux de plusieurs centaines de visiteurs qui m'avaient précédé, il me fallut subir la toilette d'usage. J'avais pour valets de chambre deux mineurs qui, après m'avoir ôté ma redingote et mon chapeau, me revêtirent d'un pantalon et d'un gilet de toile blanche fort propres, et m'enfoncèrent sur la tête une calotte de feutre rembourrée, dont l'intérieur annonçait un long service. Les habits que l'on m'avait ôtés furent mis dans un panier pour être transportés à la sortie de la mine. Précédé d'un mineur au dos duquel une lanterne était attachée, portant à la main un flambeau dont la lumière ne répandait qu'une insuffisante clarté, j'entrai dans la galerie.

La première de toutes les conditions pour parcourir une mine sans trop d'inconvéniens, c'est une taille de cinq pieds au plus : cette condition me manquait ; aussi m'a-t-il fallu marcher les genoux pliés, le dos voûté, le menton sur la poitrine, tout le temps qu'a duré l'agréable promenade que le respect humain me faisait entreprendre. Chaque fois qu'un de mes pieds déviait de l'étroit railway construit en planches pour faciliter la circulation des brouettes à deux roues qui servent au transport des terres, je trébuchais contre les canaux en bois par lesquels les eaux s'écoulent ; chaque fois que la lassitude ou une distraction me faisait relever la tête, je heurtais contre les poutres transversales qui soutiennent le plafond des galeries, et une douloureuse contusion me forçait à reprendre la posture à laquelle j'avais voulu me soustraire, non sans me faire maudire cette fantaisie qui m'était passée par l'esprit de quitter un ciel pur, une lumière vive, une température élevée, pour m'enfoncer dans un terrier obscur, humide et froid.

Je marchais depuis une vingtaine de minutes; le silence n'était interrompu que par le mot *salt*, prononcé par mon guide d'une voix caverneuse et qui convenait parfaitement à la circonstance, chaque fois qu'il voulait me faire remarquer une veine de sel : *ia* était (et pour bonne raison) toute ma réponse, et le silence reprenait. On n'entendait que le roulement des chariots que de jeunes mineurs poussaient en courant à toutes jambes, au milieu d'une obscurité complète; à peine s'arrêtaient-ils en apercevant la lueur de nos flambeaux : nous grimpions alors sur les troncs d'arbres servant à la conduite des eaux, et lorsque les chariots étaient passés, nous nous remettions en marche.

Parvenu à l'extrémité d'une galerie, mon guide détacha sa lanterne, descendit quelques degrés, s'étendit sur le dos, et m'indiqua que je devais en faire autant. Je me trouvai placé entre deux poutres parallèles, fortement inclinées : on me mit dans la main droite, garnie d'un gant de peau très épaisse, une corde destinée à servir de rampe et de moyen de modérer la rapidité de la chute, et je me sentis glisser avec plus de rapidité que si j'eusse été sur une montagne russe. Cette *ra-*

masse ne m'eût pas déplu si ce n'eût été la chaleur excessive produite à la main par le frottement contre la corde. Après une alternative fréquente de plans inclinés et d'escaliers, une porte s'ouvrit, et je me trouvai sur le bord d'une assez large flaque d'eau, dans laquelle se réfléchissait la lumière d'une centaine de lampions symétriquement disposés, et qu'en mon honneur et pour mon argent on avait allumés sur ses bords. Une barque garnie de bancs et de balustrades me porta sur la rive opposée. Là m'attendait une espèce de drowski porté sur quatre roues, traîné par un homme et poussé par un autre. On me plaça jambe de ci jambe de là sur la planche qui servait de siége, les pieds posés sur un marchepied, et l'on me recommanda de conserver soigneusement l'équilibre, dont l'absence eût fait culbuter la machine et broyer les voyageurs contre les parois fort rapprochées de la galerie.

Nous cheminions ainsi depuis quelques minutes et avec vélocité, lorsque la lumière du guide s'éteignit. Au lieu d'être ralentie par cet accident, notre marche déjà fort vive semblait en être accélérée. Je remarquais que l'inclinaison était rapide et que le mineur qui traînait le chariot ne pourrait pas en modérer le mouvement s'il devenait nécessaire qu'il le fît. Un air glacial, dont l'effet était augmenté par la vitesse de notre course, me pénétrait. Nous allions ainsi depuis quelques minutes, lorsque, la pente cessant, le chariot s'arrêta. Le guide me fit remarquer un point blanc de la dimension d'une noisette et me recommanda de ne pas le perdre de vue. La course reprit avec sa précédente rapidité. Je voyais le point blanc grossir à mesure que nous avancions. Je ne tardai pas à reconnaître qu'il était produit par la clarté du jour qui pénétrait par l'entrée de la galerie. Lorsque nous n'étions plus qu'à quelques centaines de pas de cette ouverture, la lumière glissait en chatoyant sur les cristaux dont les parois étaient parsemées. Je trouvais moins de plaisir à observer cet effet qu'à jouir de la sensation que me faisait éprouver mon immersion dans une atmosphère chaude et éclairée.

Cette vie souterraine, cette existence de renard n'avaient aucun charme pour moi. Le désagrément n'en était compensé par aucune de ces merveilles que d'autres ont prétendu voir dans ces mines. A les entendre, on traverserait à chaque pas des salles toutes scintillantes du reflet de la lumière sur les cristaux. De jolis lacs offriraient des moyens de promenades. Il n'y aurait pas jusqu'aux plans inclinés dont n'on obtiendrait de douces sensations. Je n'ai rien remarqué de tout cela. La salle même dans laquelle on avait disposé l'illumination était, malgré le grand nombre des lampions, sombre au point que l'on n'en apercevait pas les parois. Les lacs ne sont que de sales cloaques d'eaux saumâtres. Les plans inclinés peuvent être un moyen fort expéditif pour descendre à une grande profondeur; mais je doute que l'on trouve beaucoup de jouissance à dégringoler ainsi. Quant à l'instruction que l'on peut retirer d'une promenade dans une mine, elle se borne à la connaissance des procédés employés pour la construction d'une galerie.

En résumant les diverses impressions que j'ai éprouvées, je me suis convaincu qu'il en est de ce plaisir comme de beaucoup d'autres; que la plus douce jouissance qu'ils procurent, c'est d'en voir la fin.

XVII

Saltzkamergut.

—

En sortant de Saltzbourg pour se rendre à Gratz, on s'engage dans un dédale de monticules dont une route étroite et mal tracée suit toutes les inflexions. La contrée paraîtrait belle si l'on pouvait oublier celle qu'on laisse derrière soi. Il est impossible cependant de ne pas la trouver telle lorsque l'on est parvenu à la hauteur du Kunklersec, joli lac qui occupe en entier le fond d'un vallon formé par des montagnes couvertes de sapins, et qui n'offre d'autres fabriques qu'un château dont il baigne les murs, un village, son église et une tour revêtue de lierre.

A la sortie d'un col sans habitations, on est en présence d'une scène ravissante. Un vaste lac se déploie au milieu d'un bassin large et de forme arrondie. De la route tracée sur une de ses rives on jouit de l'aspect des magnifiques montagnes qui l'entourent, et qui opposent la teinte prononcée des forêts à la nuance incertaine des plans qui s'échelonnent jusqu'à la région des neiges.

A la suite et tout près du Wolfgangersée, l'un des lacs qui contribuent le plus à la beauté du pays connu sous le nom de Saltzkamergut, se déploie celui beaucoup moins vaste de Fraunkirchen, auquel une belle colline prête du charme. Une lieue plus loin on arrive à Ischell.

Cette petite ville est au fond d'un bassin que ne recommandent pas d'une manière spéciale les sites de ses environs. Des collines que commencent à orner les maisons que l'on y bâtit; des habitations assez spacieuses destinées aux étrangers que les bains y attirent; une promenade sur le bord d'une rivière; d'autres promenades sur les collines, voilà ce que l'on trouve à Ischell. Ce que l'on n'y trouve pas, ce sont des ciceroni qui sachent assez de français pour fournir aux ignorans qui ne savent que l'allemand les indications qu'ils demandent sur les lieux propres à stimuler leur curiosité.

Ces lieux sont nombreux et assez distans les uns des autres. Leur visite exige du temps et de la fatigue, que compensent amplement les jouissances qu'ils procurent.

La cascade de Fraunfall, près Gmunden, celles de Saltyberg et de Chorins à peu de distance d'Ischell, de Waltibach à Hallstadt, les lacs de Vordaer-Gosace, de Sec-Aus, d'Imgebung, présentent des buts de promenades ravissans, et font de la Saltzkamergut l'Oberland de l'Allemagne. Comme dans celui de la Suisse, l'eau joue un grand rôle dans la composition des paysages. Mais son encadrement et son mouvement sont différens dans les deux pays. En Suisse les eaux sont vives, saccadées, se ruant avec fracas du haut des montagnes. Ici elles se montrent réunies, sans que l'on sache d'où elles sortent. A l'exception des cascades que je viens de nommer, ce genre de décoration manque aux montagnes de la base desquelles les ruisseaux sourdent sans éclat. Les montagnes de l'Oberland tiennent par leur élévation le premier rang parmi cette masse qui constitue les Alpes. La plupart sont couronnées de glaciers, et les neiges sont séparées de la végétation par une large zone de rochers dénudés. Les plus hautes de celles de l'Autriche ont quelques glaciers; mais peu d'entre elles conservent de la neige pendant l'été. Celles de la Saltzkamergut sont ornées de forêts de hêtres et de sapins, et je n'en ai pas vu qui s'élevassent assez pour que la végétation des grands arbres cessât. Là il ne se rencontre pas un torrent qui mugisse, un précipice dont on puisse s'effrayer, un rocher qui menace de tomber. C'est du pastoral dans le genre bucolique, avec les mêmes élémens : avec des montagnes, des lacs et des bois, les deux pays ont donc une physionomie toute différente.

Il manque d'ailleurs à la Saltzkamergut ce qui ajoute au charme de l'Oberland : une architecture qui lui soit propre et qui ait un caractère pittoresque. Les maisons que l'on voit ici se retrouvent dans les campagnes, dans les bourgs de tous les pays. Rien dans le costume ne distingue les villageois de ceux que l'on voit en Angleterre, en France, en Belgique. Aussi, tout en admirant la Saltzkamergut, tout en conseillant aux amateurs de beaux sites de la visiter, je n'hésite pas à avouer ma préférence en faveur de l'Oberland, et à la baser sur la composition plus hardie des scènes, sur le grandiose plus prononcé des masses, sur le plus grand volume des eaux, et sur la forme plus riche d'effet qu'elles affectent; mais, je le répète, cette préférence n'exclut pas l'opinion très favorable que je me suis formée de cette partie de l'Autriche et le charme que j'ai trouvé à la parcourir, à revoir même des sites qui m'avaient laissé des souvenirs que je désirais raviver afin de les mieux conserver. Je résumerai mon jugement, en disant que la Saltzkamergut paraît être la petite pièce de l'Oberland ; *tragedia dappò comedia.*

A la sortie d'Ischell on côtoie la Gemunden, rivière à laquelle, malgré la rapidité de son cours, on est parvenu à imposer une navigation très active. On rachète les différences trop grandes de niveau par des plans inclinés sur lesquels on fait passer les bateaux, en y réunissant une plus grande masse d'eau. Rien n'est effrayant comme la course de bateaux longs de soixante pieds, larges au plus de cinq ou six, sur ces *rapides* où, entraînés par un courant violent, leur marche acquiert une vélocité qui semblerait ne pas permettre de les diriger. On parvient à le faire cependant à l'aide de longues et larges rames que plusieurs hommes vigoureux font mouvoir en place de gouvernail. Les transports, entièrement composés de bois et de sel, n'ayant lieu qu'en descendant, les bateaux sont remontés vides par des chevaux à la force desquels on ajoute l'emploi du cabestan, dans les endroits où cette force serait insuffisante.

Ce mode de navigation fera sourire de pitié bien des gens qui pensent qu'une navigation intérieure ne peut se faire que sur des canaux, et que les rivières les plus lentes et les plus profondes ne doivent être considérées que comme des réservoirs destinés à les alimenter. Ainsi qu'eux, je pense qu'il est plus commode de naviguer sur une eau dormante que sur un torrent, et de franchir une écluse qu'un *rapide*, mais je pense aussi que, tout imparfait qu'il soit, un mode de navigation ne doit pas être dédaigné lorsqu'il ne peut être remplacé par un meilleur : je pense même qu'il doit être préféré lorsque, tout calculé, il en résulte une économie comparative dans l'un et l'autre mode à l'avantage du premier ?

L'amateur de tout ce qui produit de l'effet, et qui, lui, met de côté les considérations dont je viens de parler, ne manquera pas de préférer la *Gemunde* à un canal, parce qu'elle offre plus de mouvement et de variété, que chacune de ses passes donne lieu à une belle chute d'eau, et que plus d'intérêt s'attache au péril du bâtiment qui la franchit qu'à la lente descente de celui qui s'abaisse dans le sas d'une écluse. Je ne m'arrête pas à cette manière de juger, qui ne saurait être d'aucun poids dans la décision de la question dont il s'agit, et je persiste à dire que la contrée en possession du mode de navigation dont je parle doit s'estimer fort heureuse d'en être favorisée, et que je souhaiterais qu'il fût imité en France où il existe tant de rivières sur lesquelles il pourrait recevoir une application plus facile et moins dangereuse, et dont cependant les eaux coulent sans utilité pour les localités qu'elles traversent.

Le vallon au fond duquel coule la Gemunde à sa sortie d'un lac, présente de jolis aspects et une vigoureuse végétation. La population bien logée et bien vêtue annonce de l'aisance. Elle a un goût prononcé pour les fleurs; il n'y a pas de chaumière, si chétive qu'elle soit, dans le jardin de laquelle on n'en voie en abondance. Le fichu noir ou brun qui enveloppe et qui enlaidit la tête des femmes, la calotte sans rebords ou le chapeau pointu des hommes en sont ornés. Les hommes portent en outre une rose derrière l'oreille. Je vis descendre dans la tombe un cercueil que l'on me dit être celui d'une jeune fille; il était couvert de fleurs comme le sont dans le Midi de la France ces pyramides composées des bouquets destinés aux invités de la noce, que l'on porte devant les époux lorsqu'ils se rendent à l'église. Telle est, m'a-t-on assuré, la passion de ce peuple pour les fleurs que lorsque la nature en refuse on s'en crée d'artificielles. Ce goût, qui d'ailleurs est fort répandu en Allemagne, me donne une opinion avantageuse de la population qui le possède. Il ne doit pas s'allier avec de mauvaises passions.

XVIII

Route d'Ischell à Gratz.

—

Pour sortir de la vallée de la Gemunde, on gravit et l'on redescend une très haute montagne par des pentes fort rapides. En général, le tracé de cette route ressemble beaucoup à celle d'une *steeple-chase*. Il va droit sans tenir compte des obstacles, escalade les montagnes et se précipite dans les vallons par les pentes les plus rapprochées possible de la perpendiculaire : une ou deux paires de bœufs qui, lorsqu'il s'agit de monter, ajoutent leur force à celle des chevaux et leur lenteur à celle des postillons; un double enrayage lorsqu'il s'agit de descendre, remédient aux fautes des ingénieurs.

Après quelques heures employées à se retrouver au milieu de ce pêle-mêle de montagnes qui, sans dédommagement pour le voyageur dans leurs aspects, font subir à la route les inflexions les plus incommodes, on descend dans la vallée de l'Enns. Le paysage reprend du grandiose, la perspective de l'étendue, la double chaîne de montagnes de belles formes et une espèce d'ordre. Outre des villages et des châteaux, on y voit une multitude de cabanes en planches éparses dans les champs et les prairies, et qui, confiées ainsi à la bonne foi publique, fort loin des habitations des cultivateurs, servent de granges et d'étables.

Quoique dans cette vallée et dans celle beaucoup moins intéressante qui lui succède, la culture paraisse répondre aux soins qui lui sont donnés, on ne remarque, ni dans les habitations ni dans l'extérieur des habitans, rien qui annonce de l'aisance. La raison ne s'en trouverait-elle pas dans la trop grande étendue des propriétés communales, et dans l'habitude d'incurie que répand sur la population qui y participe un genre de possession qui pourvoit à quelques uns des besoins du possesseur, sans exiger en retour, sans même comporter le travail et les combinaisons que réclame une possession spéciale, et desquels il résulte une activité morale et physique qui se répand sur tout.

Cette observation, j'ai eu de fréquentes occasions de la faire dans le cours d'une longue administration, j'ai remarqué que les communes où la culture était le plus négligée, où le malaise était le plus sensible, étaient celles qui possédaient le plus de ces terrains sans maîtres, sur lesquels chacun cherche des ressources au lieu de les demander à un travail rationnel et régulier, et que le bien-être des habitans était en raison inverse de l'étendue des propriétés communales.

Cette cause agit en Allemagne comme en France, et les informations que j'ai puisées à des sources dignes de confiance ne m'ont laissé aucun doute sur la rectitude de l'opinion que je m'étais formée à ce sujet.

On ne peut nier cependant que dans ce pays la nature des localités ne jette à travers la question de la suppression des propriétés communales des difficultés qui ne se rencontreraient pas ailleurs. L'implantation des montagnes est à peu près l'unique moyen de leur conserver une valeur de rapport. Le bois est le seul produit qu'elles puissent rendre; livrées à la culture, après deux ou trois récoltes, le sol sur lequel on ne pourrait porter les engrais nécessaires perdrait sa fécondité. Il serait abandonné et ne donnerait que de maigres pâturages. Les pluies, les torrens, les avalanches, l'entraîneraient, et laisseraient à nu les rochers qu'il recouvre.

Le lit des rivières s'exhausserait, et leurs eaux se répandraient sur les terres voisines qu'elles couvriraient de stériles graviers ou convertiraient en marais; les lieux peuplés seraient exposés à des avalanches dont ils sont garantis par les forêts.

Parvenu dans la vallée de la Mure, on ne tarde pas à acquérir la preuve de l'existence de l'inconvénient que je signale. La surface des montagnes se montre déchiquetée en petites parcelles : résultat du partage des forêts entre les habitans. Chaque nouveau possesseur s'est empressé d'user; il a abusé : la vente du bois qui couvrait la portion qui lui était échue lui présentait un appât auquel il n'a pu résister ; la forêt coupée, il a défriché le sol, quoique sa bêche, qui rencontrait le roc avant de s'être enfoncée à la moitié de sa hauteur, dût l'avertir qu'il n'avait rien d'avantageux à attendre d'un tel travail. A peine cette funeste opération remonte-t-elle à cinq ou six années, et déjà la plupart des cultures sont abandonnées; des roches grisâtres se montrent au milieu des défrichemens dont la terre a été emportée, et une forte somme de travail n'a eu d'autre résultat que la destruction d'une riche propriété.

Ce ne serait qu'en combinant ensemble l'un et l'autre système que l'on pourrait écarter les inconvéniens dont ils s'accompagnent; une règle générale ne saurait être établie là où tant de circonstances locales varient : ce serait au bon sens des administrateurs de ce genre de propriétés à prendre conseil des faits, seuls guides dignes de confiance en semblable matière, et à agir d'après leur suggestion.

En voyant l'immensité des forêts, on se demande où peut exister le débouché des bois qu'elles produisent. Trop éloignés de la mer pour figurer dans les approvisionnemens des ports et des arsenaux, un bien petit nombre des arbres qui en sortent serviraient d'ailleurs aux constructions navales. Les usines du genre de celles qui font une grande consommation de combustibles ne semblent pas être en proportion avec la production. Celles de ces forêts dont l'éloignement des lieux de consommation n'est pas balancé par la proximité des rivières propres aux transports ne doivent avoir que des moyens insuffisans d'emploi de leurs bois.

A cela on répond que la plupart des forêts étant la propriété des communes, elles sont soumises à un régime qui en diminue considérablement les produits, soit en quantité, soit en qualité; qu'à moins de l'avoir observé sur les lieux, on ne saurait se former une idée de l'excès où est portée la consommation du bois, et du gaspillage qui ajoute encore au résultat de cet excès ; que, quoique le chauffage s'opère au moyen des poêles, la rigueur et la durée du froid, la mauvaise construction des maisons, l'insouciance des habitans dans l'emploi d'une denrée qui ne leur coûte que la peine de la transporter de la forêt chez eux décuplent la consommation ; que là où des rivières facilitent le transport, des quantités considérables trouvent des débouchés assurés. Voilà les causes de l'équilibre établi entre une production excessive et une consommation qui semblerait devoir être comparativement fort restreinte ; en d'autres termes, on consomme beaucoup parce que l'on a trop, et que l'on serait embarrassé des économies que l'on ferait.

XIX

Route d'Ischell à Gratz.

(SUITE.)

—

Au delà d'un gros bourg dont chaque maison est une auberge ou un cabaret (pour des cafés, on ne voit rien qui y ressemble dans cette partie de l'Allemagne), la vallée s'évase et devient assez belle, sans cependant rien gagner sous le rapport des habitations, toutes en planches et presque toutes sans cheminées, et sans autres ouvertures que des portes et des trous d'un pied carré par lesquels la lumière entre et la fumée sort d'une manière également imparfaite.

Quelque chose nuit au plaisir que l'on trouve à parcourir les routes de ces belles contrées : ce sont les importunités des gens qui sollicitent des secours. Il semble qu'en Allemagne aucune honte ne s'attache à l'action de mendier; car une foule d'individus dont le costume n'indique pas le dénuement s'en font une habitude. Si l'on ne voit pas beaucoup de mendians dans les rues, on en rencontre en grand nombre sur les routes, où tout ce qui voyage à pied, ouvriers, étudians des universités, bohémiens, musiciens ambulans, n'hésitent pas à tendre le chapeau à tout ce qui voyage en voiture. Si cette dégradante coutume ne fait pas rougir ceux qui s'y laissent entraîner, elle provoque l'impatience et le dégoût chez ceux qui la remarquent, et qui s'indignent surtout du ton suppl'ant et bas et de l'air avili dont elle s'accompagne.

La culture du pays que je parcourais me semblait bien dirigée et très productive; la terre ne s'y repose que par l'alternat des plantes qui lui sont confiées.

A de rares exceptions près, le trèfle est le seul fourrage artificiel que j'aie remarqué dans cette contrée; le seigle remplace le blé pour la nourriture du peuple; la pomme-de-terre, à laquelle on préfère la fève de marais, est peu cultivée; l'avoine, l'orge, le blé de l'espèce barbue, complètent la série des céréales.

Dans les vallées, l'agriculture doit avoir pour objet principal l'éducation des bestiaux; le sol se prête à la production des herbes de préférence à celle des céréales, qui ne sont cultivées que dans la proportion des besoins de la population locale. Les bestiaux destinés à la boucherie, le beurre, le fromage, trouvent des consommateurs dans les villes.

Les bestiaux sont entretenus dans les étables jusqu'à l'époque de l'enlèvement des récoltes : ils pâturent alors l'herbe qui succède à la seconde coupe des foins et celle qui croît dans les champs moissonnés, ressource à laquelle le retour précoce de l'hiver assigne une durée fort courte. On peut donc considérer le système de la stabulation comme prévalant d'une manière absolue sur celui de la pâture; une exception à la généralité de cette règle existe cependant dans les contrées assez rapprochées des montagnes pour y faire estiver les bestiaux.

La race bovine n'est pas belle : sa taille est peu élevée, ses membres sont peu forts, et il est douteux qu'elle rende beaucoup de lait. Que ce soit l'effet de sa constitution ou du régime qu'on lui fait suivre, sa chair n'est pas de bonne qualité.

Les moutons sont rares dans cette partie de l'Allemagne : on ne s'en étonne pas, lorsque l'on considère qu'il n'y existe pas de parcours pour eux, celui des montagnes étant réservé aux vaches.

Très belle dans le Wurtemberg et la Bavière,

la race des chevaux l'est beaucoup moins dans la haute Autriche et la Styrie. Aux formes régulières et distinguées que l'on remarque dans les premiers de ces pays, succèdent des formes massives et communes ; on peut trouver la cause de ce changement dans l'emploi presque exclusif des chevaux aux gros transports, et surtout au hâlage sur des rivières d'un cours rapide.

C'est de ces contrées que sortent ces chevaux de couleurs bizarres, pies, blancs tachetés de noir ou de brun, alezans tachetés de noir avec les naseaux et le tour des yeux roses et dégarnis de poil : toutes singularités qui ne rachètent pas le vice des formes.

On voit que, jusqu'à présent, l'amélioration des races n'a pas occupé l'esprit des cultivateurs : on conserve les types que l'on a, lesquels, vicieux dès leur origine, le sont devenus davantage encore par le défaut de croisement avec des races nouvelles. Quelques sujets propres à une reproduction améliorée, donnés par le gouvernement, seraient un grand bienfait, et peut-être le point de départ d'une régénération étendue. De telles dépenses, faites à propos et avec intelligence, ne sont que des avances dont la rentrée ne se fait jamais attendre.

La population de ces contrées donne lieu à une observation physiologique qui n'est pas sans intérêt : les deux sexes semblent ne pas appartenir à la même race. La taille des femmes est assez élevée, leur peau est brune et colorée, leurs cheveux sont noirs ou châtains, leur démarche est vive et leste ; leurs mouvemens indiquent de la vigueur et de la décision ; les hommes, au contraire, sont petits, grêles et nonchalans ; leurs yeux sont d'un bleu faïencé et sans expression, leurs cheveux sont blonds et droits, leur barbe est rare, leur peau blafarde ; tout en eux révèle la prédominance du principe lymphatique dont l'influence s'étend jusqu'au moral, car leur esprit a peu de développement et leur caractère peu d'énergie.

Les costumes sont assez marqués : celui des hommes consiste en une veste ronde de couleur vert clair ou gris de fer, avec le collet et les paremens verts ; une culotte courte en peau noire, de la poche de laquelle sortent les manches garnis en argent d'un couteau, d'une cuillère et d'une fourchette ; des bas blancs et des brodequins ; le chapeau est vert, de forme conique et orné d'une large cocarde en plumes noires ou blanches, ou en poil de chamois ou de blaireau.

Le costume des femmes n'a de remarquable qu'une toque en velours noir brodée en or, qui sert à couvrir les cheveux réunis sur le derrière de la tête ; un chapeau en soie noire, dont la forme et la dimension sont celles d'une large ombrelle, surmonte la toque, mais seulement lorsque le soleil ou la pluie l'exigent : hors l'une de ces nécessités, il est fixé à la ceinture et tombe sur l'une des cuisses. Les femmes portent en outre une espèce de spencer dont la taille n'a de hauteur que ce qu'il en faut pour réunir les manches : le devant se prolonge en pointes flottantes.

La nature paraît avoir donné un tel développement à la partie la plus saillante des appas des femmes de cette contrée, que l'on ne tente même pas de leur imposer la contrainte du corset : ils forment dans la toilette une espèce de hors-d'œuvre dont un ample fichu de soie recouvre et dessine les contours démesurés.

Jusqu'à Leoben, on parcourt une vallée qui ressemble à tout ce qui dans ce genre n'est pas beau : des montagnes, des forêts, des prairies, quelques champs, une rivière : on voit cela partout ; et ici rien d'original ne le fait distinguer. Ce n'est qu'à l'aspect du vallon de Leoben que l'on retrouve du plaisir à exercer ses yeux. Devant soi s'arrondit un bassin dont les montagnes présentent un mélange de forêts et de cultures qui les fait différer de celles dont naguère la monotonie fatiguait. A gauche, on aperçoit les toits rouges et les clochers d'une petite ville. A droite est un village avec une grosse maison que l'on décore du titre de château. C'est là qu'en 1797 furent signés des préliminaires de paix, changés bientôt après, à Campo-Formio, en un traité qui ne fut lui-même qu'une suspension d'armes. Il n'en a pas fallu davantage pour rendre célèbre le nom de Leoben. Cette célébrité s'est attachée à une ville bien bâtie, bien propre, bien gaie et dont le plan devrait servir de modèle. Quatre rues formant un carré régulier, deux autres fort larges coupant à angle droit une belle place et se terminant l'une et l'autre aux rues qui encadrent la ville ; telle est la distribution de cette petite cité. Une église avec un beau portail ; un monument sur lequel on a groupé les statues de plusieurs saints, à l'intervention desquels on attribue la cessation d'une peste qui ravageait la ville à je ne sais quelle époque ; une statue érigée en l'honneur d'un mineur à qui l'on est redevable de la découverte des mines qui font la richesse de la contrée et en particulier de la ville ; une fontaine à l'extrémité opposée de la place ; telle en est la décoration. Leoben n'aurait pas servi de théâtre au premier essai que Napoléon faisait du rôle de pacificateur, si étranger à ses goûts et à son caractère, qu'elle serait encore vue avec intérêt.

Cette ville de Leoben jouit d'avantages dont

bien peu de cités sont dotées. Le revenu des forêts et des mines qu'elle possède, non seulement couvre les dépenses municipales et les impôts établis sur les propriétés comprises dans la ville et son territoire, mais ils fournissent un excédant qui chaque année est réparti par portions égales entre tous les habitans ayant droit de bourgeosie.

Les bourgeois ont en outre la faculté de chasser dans les forêts très giboyeuses appartenant à la ville, le lundi de chaque semaine, pendant les quatre derniers mois de l'année.

A deux postes de Leoben, on traverse Bruck, autre petite ville assez jolie, au milieu d'une vallée dont la perspective est variée et assez étendue. On débouche dans une plaine immense, à travers laquelle on se dirige vers un pic isolé que surmontent deux tours. Ce pic avait porté une forteresse qui dominait Gratz et commandait à toute la Styrie. Tombée entre les mains des Français par suite des évènemens militaires de 1809, elle avait été démolie. J'étais impatient d'arriver, et j'avais sur le siége de ma voiture un postillon à moitié ivre, dont la disposition au sommeil avait une influence très marquée sur l'allure de ses chevaux. Mes instances pour l'engager à presser sa marche étant inutiles, j'eus recours à un moyen suggéré par l'impatience plus que par la réflexion. Ma canne vigoureusement appliquée sur les épaules du dormeur le réveilla ; sa mauvaise humeur se tourna contre ses chevaux à qui il rendit les coups qu'il venait de recevoir, et ma voiture roula enfin plus vite qu'elle n'avait fait de toute la route.

On me demandera ce qui me rendait si pressé d'arriver. Rien, mais j'aime à aller vite. Je trouve du plaisir à gagner un quart d'heure sur le temps que l'on doit employer à parcourir une distance donnée. C'est une espèce de jeu que je joue seul et qui m'amuse, m'intéresse presque. A me voir hâter les postillons, m'irriter contre leur inexcitable lenteur, on dirait que l'exil a cessé pour moi, que je revole vers la patrie, qu'au moins des êtres qui me sont chers m'attendent au terme de ma course. Hélas! il n'y a rien de tout cela. La patrie? elle existe dans mes souvenirs; bien peu dans mes espérances. Le retour? il ne s'agit pas de cela. Ne me répète-t-on pas tous les jours qu'il ne faut plus y songer ? et des actes ne viennent-ils pas confirmer ces dures paroles ? Des amis ? j'en ai en assez grand nombre et de trop affectionnés pour qu'il me soit permis de ne pas croire à l'amitié; mais chaque jour ne saurait en amener près de moi, surtout lorsque je cours les grandes routes. Non, quand je me presse tant, c'est vers une auberge, et je repars; et chaque jour, changeant de lieux et de ciel, je fuis ; quoi?

je l'ignore. Je vais ; où ? je ne le sais guère davantage. Je secoue, sans parvenir à m'en débarrasser, le malaise de ma situation. La fiction du juif-errant se trouve réalisée dans l'existence d'un proscrit. La peine prononcée contre l'un existe implicitement au fond de l'arrêt porté contre l'autre. Et qu'était, après tout, ce malheureux condamné à toujours marcher sans jamais se rapprocher de sa patrie ? un proscrit.... Oh ! comme je le plains !

Et pourtant j'ai dépassé l'âge où les passions vous emportent, où la réflexion n'est pas là pour vous arrêter. Au lieu d'enfoncer le bâton en terre pour ralentir le temps dans sa marche, je cherche à le devancer, je provoque sa rapidité. C'est que l'exil est là, derrière moi, dur, inflexible, inexorable ; c'est qu'il me rend insupportables la place où je suis, l'air que je respire, le repos dont j'ai besoin ; c'est qu'il me presse de son dard ; c'est qu'il me crie sans cesse : Marche ! marche donc ! Et moi je vais, je cours sans savoir où, uniquement pour le fuir et me persuader qu'il n'est pas là ; je demande de la vitesse à tout ce qui peut m'entraîner loin du présent et me faire arriver à l'avenir... Et cet avenir, si au lieu d'être du bonheur, ce n'était que de la vieillesse ? ce pourrait bien ne pas être autre chose. Et après la vieillesse ? espérons... au moins l'exil finira.

XX

Gratz.

Au pied du Scholsberg et l'entourant presque en entier, Gratz se développe sur un terrain uni, et des deux côtés d'une rivière large et rapide. C'est une assez belle ville, sans régularité, avec de vastes édifices sans style et de vastes rues détestablement pavées. Quand on a vu une chapelle servant de tombeau à un empereur, fort bien décorée et rappelant par sa forme et sa destination celle des Médicis à Florence; quelques bons tableaux dans une assez laide cathédrale; un très riche musée d'histoire naturelle et surtout de minéralogie; des boulevarts bien plantés, ce que l'on a de mieux à faire, c'est de partir, à moins cependant que l'on n'ait l'occasion de fréquenter des salons où se réunit une société remarquable par l'excellent ton qui y règne et le mérite de plusieurs de ses membres.

Gratz possède un beau théâtre : la décoration de la salle paraîtrait moins sévère si l'éclairage ne se bornait pas à une vingtaine de quinquets distribués au dessus du quatrième rang de loges, et qui ne répandent qu'une lumière insuffisante. J'ai demandé la raison de cette parcimonie de clarté : on m'a informé qu'un lustre suspendu au plafond s'étant détaché, avait tué plusieurs spectateurs et taché les habits d'un grand nombre d'autres, et que depuis cet évènement les habitans de Gratz avaient pris le lustre en horreur, au point de ne pas mettre le pied dans une salle dont le plafond supporterait ce menaçant appareil ; ils se condamnent donc à ne pas voir les jolies femmes qui occupent le devant des loges, et ils portent toute leur attention sur la scène, qui leur offre alternativement une troupe de comédie et d'opéra beaucoup meilleure que ne semblerait le promettre l'importance de la ville.

La totalité des loges sont des propriétés particulières ; en sorte qu'il est absolument impossible à un étranger de trouver place ailleurs qu'au parterre. Ce parterre est bizarrement distribué en banquettes et en espaces vides : les femmes occupent les banquettes, les hommes restent debout.

Gratz est une des villes de l'Allemagne où la musique est le plus universellement cultivée : de toutes les fenêtres et à toute heure sortent des sons d'instrumens ; le chant et le piano se font entendre dans les maisons qui indiquent l'opulence, le cor dans l'arrière-boutique de l'épicier, la clarinette dans l'échoppe du cordonnier ; on ne passe pas devant un atelier sans entendre des chœurs qui engagent à s'arrêter. De cette disposition générale, il résulte de l'excellente musique dans les salons, de bons concerts dans les lieux publics et jusque dans les guinguettes. De quelque côté que l'on dirige sa promenade du soir, on entend des airs exécutés par de nombreux instrumens ; en quittant le travail, les ouvriers portent leur flûte, leur clarinette, leur cor au cabaret, et ils se mettent à jouer. Pour l'homme du peuple, les joies de ce lieu de prédilection ne seraient pas complètes si le pot de bière ne se vidait au son d'une de ces harmonies que font valoir l'habitude et l'intelligence de la musique.

Si dans cette ville, et en général dans la Styrie, rien ne signale la richesse, tout indique l'aisance : on ne rencontre pas de mendians ; le peuple est bien vêtu et bien nourri. La propreté, cause et effet de l'ordre, se fait remarquer à l'extérieur et à l'intérieur des plus simples habitations. Le travail, qui commence de très grand matin, cesse assez tôt pour que l'ouvrier puisse consacrer quelques momens de la soirée à ses plaisirs. Une heure avant la chute du jour, les ateliers, les boutiques même, se ferment, et les cafés et les cabarets se remplissent; il est rare que ceux qui en sortent aient dépassé les bornes de la tempérance au point que leurs allures s'en ressentent; on ne voit presque jamais un homme dans un état complet d'ivresse.

On assure que la même réserve n'existe pas dans une partie non moins essentielle des mœurs, et que dans ce mélange qui a lieu dans tous les lieux publics la vertu des femmes succombe fréquemment dans les épreuves auxquelles elle est soumise. Il serait difficile qu'il en fût autrement; et quoique l'on m'en ait beaucoup dit sur cet article, je suis disposé à tout croire.

Des rapports appuyés par des faits nombreux ne présentent pas les mœurs des campagnes sous un jour plus favorable que ceux des villes. Peu de filles apportent, dit-on, aux maris qu'elles prennent, une réputation sans tache et une conduite sans scandale. Par une prévoyance toute patriotique sans doute, elles entretiendraient avec une incessante activité la population de ces hospices où l'armée trouve des recrues qui, élevées dans la perspective de la carrière militaire, et préparées par une éducation analogue, fournissent la plupart des sous-officiers, dont l'instruction et le bon esprit contribuent tant à la force des armées autrichiennes.

La religion semble être impuissante pour arrêter ce débordement de mœurs sur lequel ses ministres sont dans la nécessité de fermer les yeux, embarrassés qu'ils sont par la certitude de l'inutilité des tentatives qu'ils feraient pour remédier à un état de choses tellement admis par les mœurs qu'il en est presque devenu un des caractères essentiels.

Ce qui étonne, c'est que cette démoralisation générale du jeune âge, dans les classes subalternes, n'influe pas d'une manière plus sensible sur la situation des individus qui s'y laissent entraîner. Ces filles si peu réservées deviennent de bonnes mères de famille, sauf toutefois l'indulgence traditionnelle sur un certain genre de fautes, dont elles usent à l'égard de leurs filles, comme leurs mères en avaient usé envers elles.

Grace à la convention facile d'une complète indifférence sur les conséquences premières d'un tel état moral, la société, dans les classes inférieures, marche comme si toutes les filles étaient sages, comme si tous les enfans avaient une origine bien positive. De ce désordre il résulte des familles ni plus ni moins authentiques, ni plus ni moins nombreuses, ni mieux ni plus mal organisées et régies que si la plus irréprochable moralité avait présidé à leur formation.

A l'exception de quelques séminaristes en soutanes et en manteaux noirs avec un collet bleu, et de quelques franciscains en frocs de laine brune, l'étranger ne remarque ni dans les villes ni dans les campagnes aucun costume qui lui révèle un prêtre. Il finit par apprendre que certains hommes qu'il rencontre en redingotes brunes ou noires, avec un col étroit et des bottes bien cirées montant jusqu'au genou, sont des ecclésiastiques. La démarche leste de ces hommes, leur air peu recueilli, leur présence dans les cafés où on les voit se mêlant à la gaîté et à la dissipation qui règne dans ce genre de maisons, tout cela ne le prépare pas à plus de respect pour eux que n'en montre le peuple. On dit que les soins et la fermeté de plusieurs évêques ont apporté de notables améliorations dans la conduite du clergé; que la réforme fait tous les progrès que comportent les ménagemens avec lesquels on y procède; que la réserve qui se fait encore souhaiter dans les formes a déjà été obtenue dans le fond; je veux le croire : mais on doit souhaiter, pour l'édification des fidèles, que la forme ne reste pas plus long-temps en désharmonie avec le fond.

On se fait généralement une idée fausse du caractère allemand. On le croit grave, sans cesse dirigé vers la réflexion, ennemi du plaisir : il n'en est rien. Dans toutes les classes on aime le plaisir, et on recherche les occasions et les moyens de s'en procurer. Pénétrez à Vienne, à Munich, à Berlin, dans les salons où se réunit la haute société ; suivez-la dans les châteaux où elle passe la belle saison, vous la verrez entraînée par un tourbillon de fêtes de toute espèce, chasse, repas, bals, concerts, et se livrant sans réserve au genre d'amusement qui lui est offert. Voyez à Baden, à Tœplitz, à Wisbaden, à Ischer, comment se divertissent les classes qui suppléent aux châteaux qu'elles n'ont pas par ces lieux de rendez-vous où les appellent des prétextes de santé. Chaque jour, une distraction nouvelle est offerte et saisie. On parcourt les sites les plus pittoresques de la contrée ; un pique-nique s'improvise et avec lui une danse sur le gazon. Au retour, on se mêle à une valse dans laquelle figurent la plupart des prétendus infirmes qui sont venus demander aux bains la guérison de maux qu'ils n'ont pas.

Et dans les cabarets, examinez ces bourgeois, ces artisans assis autour d'une table et arrosant de quelques verres de bière le pain et le radis qu'ils ont apportés, tandis qu'au son d'un orchestre bruyant leurs filles, leurs sœurs, leurs femmes même, se laissent emporter au tourbillon d'une contredanse ou d'un galop. On ne se promène pas le soir dans les environs d'une ville, à travers un hameau, sans entendre de tous côtés de la musique, accessoire obligé de tous les lieux de réunion, de toutes les guinguettes. La même disposition existe dans les villages et dans les villes, dans les palais et dans les chaumières. Partout on veut du plaisir; partout on remarque du mouvement, de la gaîté, dont le contraste avec des physionomies ordinairement sérieuses étonne l'observateur, qui ne s'attendait à trouver qu'une population apathique et ennuyée.

Je ne me suis autant étendu sur les mœurs du peuple de Gratz que parce que je me suis assuré qu'elles se reproduisaient avec peu de différence par toute l'Allemagne. Je crois devoir consigner ici le fait suivant qui me semble propre à donner une idée plus complète du caractère allemand.

J'avais commencé mon voyage en Hongrie, et j'éprouvais une telle contrariété de la privation des moyens de communiquer avec la population que je rencontrais, il en résultait même pour l'objet de mon voyage de tels inconvéniens, qu'arrivé à Funch-Kirchen je me consultais pour savoir si je ne renoncerais pas à le poursuivre.

Je m'en entretenais avec le comte de K....y, dans la maison de qui je recevais un accueil très bienveillant, et je lui demandais s'il ne pourrait pas me procurer un domestique sachant assez de slave et de français ou d'italien pour me servir d'interprète. Il me répondit qu'il me trouverait ce que je désirais, non dans la classe des domestiques, mais dans un ordre plus élevé de la société. Je lui fis observer qu'il ne me conviendrait pas d'avoir un compagnon de voyage de ce genre; que, devant m'arrêter dans plusieurs châteaux, je ne voulais pas ajouter à la gêne de me recevoir celle d'avoir accueilli un homme qui serait avec moi sur un pied équivoque; que d'ailleurs je n'aurais d'autre place à donner que le siège de ma voiture.

« Je l'entends bien ainsi, reprit mon interlo-
» cuteur. L'homme que je vous donnerai oubliera
» pendant tout le voyage qu'il est autre chose
» qu'un domestique; vous le traiterez comme
» tel. C'est un lieutenant d'infanterie en congé.
» Il sera très heureux de faire l'économie de
» sa paie et de son entretien pendant quelques
» mois, et de gagner quelque argent. Vous pa-
» raîtrez ignorer sa position sociale en Allema-
» gne. Depuis le prince jusqu'à l'homme du
» rang le moins élevé, l'incognito couvre tout,
» remédie à tout, répond à tout. Vous n'aurez

» donc pas à vous gêner à l'égard de l'homme
» que je vous donnerai, il ne sera pour vous
» qu'un domestique. »

Pendant cette conversation que les personnes qui la comprenaient traduisaient à d'autres qui n'entendaient pas le français, je remarquai des chuchottemens dans le salon. Quelques dames faisaient des signes au comte K......y, d'autres parlaient bas. J'appris que chacune avait à lui recommander un protégé, un parent pour qui l'on briguait comme une haute faveur un emploi de domestique temporaire, et que plusieurs des prétendans avaient appartenu ou appartenaient à l'armée.

Je m'étonnais de cette singulière abnégation d'amour-propre, de dignité, de convenances. On m'apprit qu'elle n'avait rien qui choquât les mœurs allemandes, et voici la raison que l'on m'en donna [1].

En Allemagne, on ne reconnaît que deux classes, la haute noblesse et la bourgeoisie; l'une étant presque tout, l'autre n'est presque rien. A la première sont dévolues les hautes fonctions, les

---

[1] Rien n'est plus commun que de voir des laquais porter sur leur livrée des décorations militaires; j'en ai compté jusqu'à trois sur la livrée d'un chasseur, et j'ai remarqué les mêmes rubans attachés à la boutonnière de son maître.

hautes dignités, l'entrée dans les chapitres et certains ordres, l'admission aux charges de la cour et aux faveurs ; à la seconde une part dans le reste des emplois et la faculté de parvenir aux premiers grades militaires. Pour être chevalier des ordres Teutonique ou de Malte, pour porter une clé de chambellan, pour faire admettre sa fille dans un chapitre, il faut avoir eu soin de naître vraiment noble ; c'est à dire d'une famille qui ne soit tachée d'aucune mésalliance ; la moindre négligence sur ce chapitre important ne serait pas pardonnée. Malheur à vous si l'un de vos aïeux a eu la fantaisie de vous donner pour arrière-grand'mère la fille de son bailli ou sa cuisinière. C'est une tache qui flétrit la pureté de vingt générations qui ont précédé, et que n'effacera pas la régularité de toutes celles qui suivront. Vous voilà relégué dans les rangs de cette noblesse purement nominale qui, ne donnant droit qu'à une considération fort restreinte et nullement aux honneurs et aux emplois au moyen desquels se soutient l'éclat des familles, ne tarde pas à perdre tout son lustre.

Or il advient que pour bien des familles la perte de la position séculaire qu'elles avaient occupée est le résultat de l'oubli momentané de la dignité de la race. Peu familiarisés avec les possessions qui compensent les honneurs par de la fortune, les membres de ces familles tombent dans la misère : un grade subalterne dans l'armée est tout ce qu'ils peuvent retenir de cette situation si élevée de leurs ancêtres. Mais ce grade n'a que de faibles appointemens auxquels succède une solde de retraite plus modique encore. Cependant on s'est marié ; on a une femme à entretenir, des enfans à élever. Les souvenirs d'une position qui imposait des obligations de dignité s'effacent ; la nécessité fait disparaître ce que la vanité s'obstinerait vainement à conserver ; tous les moyens de vivre deviennent bons. Les fils entrent en qualité de cadets dans quelques régimens, se traînent de grade en grade jusqu'au rang d'officiers, et sont renvoyés chez eux avec un traitement qui suffit à peine aux premiers besoins de la vie. Les filles n'ont pas de ressources analogues ; et le sort de celles qui ne veulent pas prendre le voile dans un couvent est considéré comme assuré, et la dignité de la famille est sauvée, lorsque l'on parvient à les faire entrer en qualité de femmes de chambre au service de quelques grandes dames : à défaut de ces postes élevés, on se contente d'une domesticité moins honorable, et l'on s'arrange de la première place qui se présente.

Les services les plus éminens, des positions

qui s'entourent d'éclat et d'une haute considération, ne remplaceront jamais pour certaines carrières la naissance que l'on n'a pas. Cette condition de naissance n'est pas indispensable pour parvenir aux premiers emplois militaires, et on en a des preuves répétées : mais le lieutenant général, le feld-maréchal qui ne possède pas cette condition, ne pourra jamais y suppléer par le rang auquel il s'est élevé. Sur sa poitrine couverte des insignes des ordres les plus honorables, on ne verra jamais ceux de certains autres réservés à la possession d'une longue et illustre généalogie. La clé de chambellan ne décorera jamais la poche de son habit; sa femme ne sera pas admise aux cercles de la cour, ni même à une présentation chez un de ces princes sans états, si nombreux dans la Germanie. Sa fille verra fermés pour elle les chapitres et les couvens nobles; et si elle croit ne pouvoir gagner le ciel qu'en embrassant l'état monastique, sa vocation n'aura d'autres ressources qu'un voile d'ursuline ou la bure des filles de Sainte-Claire. Son fils devra suivre grade à grade la carrière parcourue avec bonheur par son père, et qui, plus difficile pour lui, se terminera avant qu'elle ait pu lui devenir honorable et lucrative. Voilà donc une famille qui flotte entre une origine qui la désavoue et une situation qu'elle n'ose s'avouer;

sans appui dans l'une et précipitée dans l'autre, tout en conservant un orgueil qui éloigne d'elle les moyens d'y échapper. On souffre, mais on ne déroge pas. On se place dans la dépendance des autres, mais on se fait à soi-même une illusion de morgue et de dignité; et l'on concilie ainsi la vanité de ses souvenirs et l'abaissement de sa position.

XXI

Administration.

L'ADMINISTRATION autrichienne n'a pas atteint ce degré de rationalisme qui distingue l'administration française; et je crois même qu'elle ne se propose pas de le faire. Elle cherche son appui dans de vieilles coutumes, sa direction dans une marche suivie depuis des siècles, son avenir dans le passé. Elle s'occupe fort peu de ce qui pourrait être mieux, parce que pour l'obtenir il faudrait sacrifier à des idées pour lesquelles elle a et s'efforce de faire pénétrer dans l'esprit des masses l'aversion la plus prononcée. Elle s'obstine à rester ce qu'elle est, avec les vices de son origine, les rides de sa caducité et sa désharmonie avec le temps présent, parce qu'elle a l'habitude d'être ainsi et la crainte au moins très spécieuse de cesser d'être si elle cherchait à être autrement. A-t-elle tort? certainement non, dans son intérêt; probablement non, dans l'intérêt des peuples.

Les attributions de l'administration autrichienne ne sont pas déterminées d'une manière positive et tranchée. La plupart se confondent avec celles de l'ordre judiciaire. Le même principe ne préside pas à la formation des diverses branches d'un même pouvoir. Ainsi certains corps exercent à la fois les fonctions municipales et judiciaires. Dans certaines localités, ils reçoivent leur institution du souverain ou de ses délégués; dans d'autres, du choix des administrés ou des justiciables. Ici ces choix sont soumis au contrôle de l'autorité supérieure; là ils sont immédiats et absolus. Dans certaines occasions, certaines classes exercent d'immenses prérogatives; dans d'autres, des masses qui, sans que l'on recoure à une fiction exagérée, peuvent être considérées comme la généralité, ou au moins comme la représentation bien réelle de la généralité des citoyens, règlent certaines portions importantes de l'intérêt public.

La monarchie autrichienne est divisée en cercles et en capitaineries. Le cercle est placé sous la direction d'un magistrat ayant le titre de gouverneur. Les capitaineries sont administrées par des magistrats subordonnés au gouverneur.

Les fonctions de gouverneur et de capitaine sont à peu près les mêmes que celles de préfet et de sous préfet en France.

Chaque cercle a une diète composée de soixante à quatre-vingts membres pris exclusivement parmi les nobles possédant une terre d'un revenu déterminé; cette possession serait cependant insuffisante, si un rescrit impérial n'accordait au possesseur l'autorisation de siéger.

La diète se réunit chaque année dans les mois de septembre ou d'octobre, pour faire la répartition de l'impôt établi par l'empereur sur le sol de la province. Il est sans exemple qu'une de ces assemblées ait usé du droit qu'elles prétendent avoir de refuser la totalité ou une portion de l'impôt qui lui est assigné. De sa part et de celle du pouvoir, il existe une sorte de convention tacite d'écarter de ce sujet une discussion qui ne serait pas sans inconvénient.

Dans d'autres circonstances, comme lorsqu'il s'agit de prononcer sur une dépense d'intérêt local jugée nécessaire par le gouvernement, la diète, à laquelle la demande en est soumise, ne manque jamais de donner une sanction qui, par la facilité avec laquelle elle est accordée, n'est plus qu'une vaine formalité.

Près du gouverneur, il existe un conseil chargé de décider non seulement sur le contentieux administratif, mais sur les procès entre les citoyens, même en matière criminelle. Ce corps intervient directement dans l'administration, ordonne des travaux, autorise des dépenses, contrôle celles faites par d'autres magistrats et nomme à certaines fonctions.

L'empereur nomme les bourguemestres des grandes villes. Le gouverneur a la nomination de ceux des autres villes; mais lorsque ces magistrats doivent exercer le pouvoir judiciaire, il est contraint de les choisir parmi les citoyens ayant fait des études correspondantes à celles du droit. Dans certaines occasions, il peut distraire les fonctions judiciaires des fonctions administratives, et les confier à un magistrat spécial qui prend le nom de syndic.

Dans les localités de peu d'importance, les

citoyens élisent leurs magistrats, sauf cependant le contrôle exercé par le gouverneur, lequel ne s'étend pas au delà du refus d'approbation.

Le peu qui existe d'un système municipal est basé sur un système de corporations. Ce sont les corporations qui déterminent le classement de la bourgeoisie et qui fournissent les électeurs et les éligibles.

Le corps qui tient lieu de garde nationale élit la totalité de ses officiers. Ses choix sont soumis à l'approbation du gouverneur.

L'administration autrichienne est hérissée de formalités qui accroissent et compliquent le travail des administrateurs de toutes les classes, sans rien produire qui compense ce grave inconvénient. Elle fait médiocrement certaines choses, assez mal quelques autres, et tout très lentement. Mes relations avec plusieurs de ses principaux membres m'ont convaincu que la faute n'en saurait être attribuée à la composition de son personnel, mais bien plutôt à la législation, aux coutumes, aux mœurs nationales.

En opérant cette réunion successive de provinces dont se compose la monarchie autrichienne, on a conservé à chacune d'elles sa circonscription, ses lois judiciaires et ses règles d'administration. Les années, les siècles, se sont succédé sans que l'on ait tenté de modifier ce que ce système conseillé par la justice envers les peuples autant que par la politique du gouvernement, et conséquemment sage dans le principe, a pris d'inconvéniens, en se prolongeant au delà du temps où il a cessé d'être une nécessité. Un changement complet, surtout s'il était immédiat et brusque, serait préjudiciable, peut-être même dangereux; mais des changemens opérés avec prudence et qui ne porteraient que sur ce qui est en désharmonie trop prononcée avec l'état actuel de la civilisation et l'organisation générale de la monarchie; ces changemens, dis-je, seraient avantageux.

Ainsi on pourrait ramener à une règle uniforme l'administration des communes, dans la plupart desquelles la justice est rendue au nom d'un seigneur, le droit de chasse exercé par un second et la dîme perçue par un troisième. Ainsi la justice ne devrait pas être entre les mains de juges nommés par les seigneurs, révocables à leur gré et presque toujours pris parmi leurs subordonnés. Ces juges, assez ordinairement peu éclairés, exercent en matière litigieuse et même criminelle une juridiction fort étendue et qui ne rencontre de contrôle qu'à un point où de graves préjudices peuvent être commis d'une manière irréparable pour ceux qui les éprouvent. Cette justice a des formes tantôt traînantes et qui éternisent les procès, tantôt tellement sommaires que l'arrêt est exécuté avant que le condamné ait eu le temps et les moyens de se défendre.

Le maintien d'une police d'autant plus mal faite et plus difficile qu'elle est arbitraire exige dans chaque village le concours de plusieurs fainéans qu'il faut payer comme s'ils étaient utiles, quoiqu'ils n'aient d'autre emploi que de faire les commissions du juge et du bailli, et de distribuer les coups de bâton par lesquels se résument la plupart des sentences.

Tous les actes administratifs et judiciaires, quelque insignifians qu'ils soient, doivent être transcrits sur du papier timbré; il faut entretenir des prisons devenues, ainsi que la cuisine et le salon, un accessoire obligé de l'habitation seigneuriale; il faut salarier plusieurs écrivains pour satisfaire la manie paperassière qui domine partout. Les frais de cet état de choses sont supportés exclusivement par les seigneurs qui, prétendant ne pas trouver une indemnité suffisante dans le dixième qu'ils perçoivent de tous les produits agrcoles et de la valeur des propriétés à chacune des mutations qu'elles subissent, appellent de tous leurs vœux un changement qui les débarrasse de ces onéreuses prérogatives.

Afin d'arrêter les envahissemens du principe féodal sur lequel sont basées un grand nombre d'institutions, on a interdit aux seigneurs la faculté d'acquérir de nouvelles propriétés dans la circonscription de leurs terres ; et le gouvernement se montre très rigoureux dans les poursuites qu'il dirige contre les infractions faites à cette loi.

La plupart des possessions territoriales étant le résultat d'inféodations faites par les seigneurs, ces derniers se sont réservé, outre le droit exclusif de la chasse ou de la pêche, des redevances en argent et en denrées.

Par une bizarre disposition de la loi, la propriété de la totalité des terres appartenant à des familles roturières revient de droit au dernier des fils, lequel assigne des dots en argent à ses frères et sœurs. On prétend justifier cette anomalie par la supposition que les aînés, ayant joui plus long-temps des soins paternels, sont censés avoir prélevé sur la succession une part plus forte que leurs cadets. Ce beau raisonnement ne détruit pas les inconvéniens attachés à de longues minorités, à la mauvaise administration des biens et à l'inexpérience du possesseur, lorsque, fort jeune, il dirige cette administration pour son propre compte.

L'administration municipale très puissante là où elle existe, les seigneurs qui la représentent là où elle n'existe pas, ont une égale disposition à contrarier l'administration supérieure. Tout leur est prétexte pour le faire ; un chemin que l'on veut élargir, une rue que l'on veut redresser, une institution que l'on veut créer ; surtout un abus que l'on veut faire cesser.

L'opposition trouve de l'appui dans l'absence complète des moyens de la combattre. Il n'existe pas de loi d'expropriation pour cause d'utilité publique ; pas d'hiérarchie positive en administration. Tout doit se faire par voie de persuasion, par influence ou à force d'argent. Or, comme il est impossible de persuader ou d'influencer des gens qui ont une résolution bien arrêtée de ne pas céder, et que l'argent n'est pas une ressource toujours disponible, bien des choses essentielles ne se font pas ; et celles qui s'exécutent se font d'une manière imparfaite.

A voir de loin le mode de procéder du gouvernement autrichien, on pourrait penser qu'il aurait dans l'arbitraire dont l'exercice ne lui est pas contesté un moyen de surmonter les obstacles que l'on oppose à sa marche. On se tromperait. L'usage a réduit la faculté de l'arbitraire à des cas fort rares, et le gouvernement n'y a recours qu'en matière politique. L'administration inférieure montre moins de scrupule, mais elle ne l'emploie qu'à des vétilles ; et le bien public, qui se trouve presque toujours entre les deux extrêmes du pouvoir, n'en tire aucun parti. Dans aucun pays, je n'ai vu l'administration supérieure aussi sobre de mesures extra-légales, aussi réservée, aussi timide, même lorsqu'il s'agit de mettre ce qui devrait être à la place de ce qui est mal, qu'elle l'est dans les états autrichiens. Cette observation s'applique à presque tous les pays dont le gouvernement semblerait devoir être le moins contrarié dans l'exercice de sa volonté. On le voit alors se tenir soigneusement éloigné des limites presque idéales de son autorité et comme arrêté par la crainte de les atteindre. Dans le pays à constitution, au contraire, le pouvoir n'hésite pas à se heurter contre les bornes destinées à l'arrêter ; il les franchit même, sauf à y rentrer de gré ou de force ; mais, avant de le faire, il a été loin dans l'arbitraire, et presque toujours l'usage qu'il en fait a des résultats permanens.

XXII

Aspect de la Styrie.

—

Une de mes excursions en Styrie me conduisit du côté de Furstenfeld, petite ville sur les confins de cette province et de la Hongrie. Une riche végétation ombrageait la route que je parcourais, et une belle culture ajoutait au charme de la contrée. Je remarquais partout une population qui semblait heureuse et active. Le sol, quoique fort divisé, n'était cependant pas soumis au régime de la petite culture, quoique les soins qui lui étaient donnés se rapprochassent fort de ce système.

Les aspects changèrent au delà de Furstenfeld. C'est que l'on est en Hongrie et que là les propriétés sont immenses et les travailleurs rares. L'influence du voisinage d'une province industrielle se fait cependant encore sentir jusques à Kormund, superbe résidence du prince Bathiany. L'agrément de la contrée, l'intelligence qui préside à son utilisation, le désir de comparer une portion de la Hongrie qui se montrait riche avec celles que l'on m'annonçait devoir plus tard s'offrir à mes yeux pauvres et presque incultes, m'entraînèrent beaucoup plus loin que je n'avais compté. Je ne m'arrêtai que lorsque je rencontrai des déserts et de la misère. Je cherchai la cause de cette différence si brusque de situation entre des pays qui présentent une parfaite conformité dans la nature du sol, et je ne pus la trouver que dans la différence de caractère, peut-être seulement de coutumes des populations. Ici l'ordre et le travail sont des habitudes héréditaires ; là le défaut d'intelligence enlève au travail tout son produit, à la peine toute sa valeur. Ici le peuple travaille pour son propre compte ; là le résultat de son labeur tourne en grande partie au profit d'un autre. Ici l'intelligence dirige l'activité ; là le defaut d'ordre n'amène que de la fatigue. Ici on est libre et suffisamment éclairé ; là on est presque esclave et complètement ignorant.

Les environs de Gratz présentent les promenades les plus variées, sous des ombrages délicieux et dans un pays dont les ondulations font découvrir à chaque pas des perspectives nouvelles. Les côteaux, les vallons que l'on parcourt, sont parsemés de villages, de fermes, de maisons de plaisance, d'églises d'un effet charmant. Partout le schlossberg et la ville qu'il domine attirent la vue. Au delà de la vaste plaine qui les entoure on découvre plusieurs étages de collines dont les cônes apparaissent dans les intervalles qui séparent leurs bases. Les aspects changent lorsque l'on s'engage dans les contours des routes qui les traversent. Au lieu d'en imposer par leur étendue, ils se recommandent par le charme des détails. Ici c'est un village avec ses maisons blanches bien ordonnées, bien tenues; là une ferme à demi cachée dans des massifs d'arbres; sur la crête d'un côteau, quelques tours, restes d'une forteresse détruite; plus loin les flèches parfaitement pareilles des deux clochers qui accompagnent le portail d'une église; dans la vallée une rivière rapide dont les îlots couverts d'une énergique végétation font à tout moment varier l'aspect et le mouvement, tandis que des *tumuli* élevés sur ses bords font remonter l'imagination vers l'époque à laquelle ils tiennent lieu de monumens et d'histoire.

En parcourant la Styrie je faisais la réflexion qu'en fait de réputation tout est heur et malheur pour les pays comme pour les hommes. Qui parle de la Styrie ? Personne, et cependant c'est une des plus belles parties de l'Europe. Qui la visite ? Peu de monde ; encore faut-il que l'on y soit appelé par une autre cause que la curiosité ; et pourtant, sans leur ressembler, cette contrée est admirable à l'égal de la Suisse, du Béarn, des environs de Naples, du Dauphiné. Ses vallons sont ravissans de fraîcheur, de distribution, de cultures, de formes. Ses côteaux offrent des sites délicieux. Du sommet de ses montagnes, la vue parcourt des étendues aussi vastes qu'elle puisse le faire dans quelques parties du globe que ce soit. Le charme des excursions s'accroît par la variété des sentiers, par les beaux ombrages qui les couvrent, par les scènes qu'ils présentent [1].

Quelques gens difficiles à contenter se plaignent de ne pas trouver aux fabriques styriennes un

---

[1] Les grandes routes seules contrastent avec cet ensemble d'ordre et d'intelligence. Toutes sont défectueuses dans leur direction. Je me persuade que si les ingénieurs allemands étaient chargés de tracer des routes dans les plaines de la Champagne et de la Beauce, ils les feraient tortueuses ; et qu'en Suisse ils tiendraient à honneur de les faire passer sur les cimes du *Mont-Blanc* et de la *Jungfrau*. Dans leur pays, où ils ont le malheur de ne pas rencontrer de telles difficultés à combattre, ils ont su tirer grand parti de celles qui se sont présentées. Au lieu de contourner les montagnes, c'est de front qu'il les abordent ; au lieu de passer, au moins dans leurs parties les moins élevées, c'est leurs crêtes qu'ils choisissent pour l'emplacement des routes.

aspect original. Je ne saurais partager leur opinion, ces fabriques ont un caractère qui leur est propre : elles indiquent le bien-être et l'ordre. Elles impriment un cachet spécial à ces jardins que leurs proportions seules font appeler des champs. On voit que l'art n'a pas créé ce genre d'architecture ; que c'est l'aisance qui l'a trouvé ; que c'est elle qui a distribué ces maisons dont les plus simples même sont plus que des cabanes ; que c'est elle aussi qui entretient ce crépissage blanc de l'extérieur, comme un indice de la propreté qui règne à l'intérieur. On voit qu'il y a là du bonheur ; et la contagion s'en étend jusqu'au voyageur qui visite cette contrée tout exceptionnelle, jusqu'au proscrit qui voudrait pouvoir ravir, pour en doter sa patrie, un peu de ce bien-être qui lui paraît là si complet et si achevé.

Je n'étais pas seul à parcourir ces sites enchanteurs. Un autre cœur d'exilé battait, une autre imagination s'exaltait à la pensée de déverser sur la France cet excès de prospérité, ce trop plein de bonheur qui déborde de toutes parts. Dans ces excursions qui servaient de distractions à d'augustes infortunes, j'accompagnais une princesse, une mère dont le caractère s'est montré supérieur à tous les genres d'épreuves, et qui, n'ayant plus d'autre moyen d'exercer sa grande ame que la résignation, applique à cette vertu la force qu'elle ne saurait employer d'une autre manière. Mais vainement mes pensées eussent cherché à prendre un autre cours. — Chaque objet les ramenait à leur direction préférée. C'était un site qui rappelait ceux des bords de la Seine, de la Loire ou de l'Adour; un côteau qui avait du rapport avec le Bocage de la Vendée; des précipices, des cascades qui ravivaient des souvenirs des Pyrénées. Ou remontait vers les jours de France. Les voix alors prenaient de l'émotion; les yeux se remplissaient de larmes que l'on sentait près d'échapper. On n'osait se regarder de peur de les faire couler; car on voulait paraître fermes et résignés. On voulait, pour cela seulement, tromper les autres et soi.

Et quand rentrés dans ces salons garnis des meubles, des tableaux qui ornaient les appartemens des Tuileries ou de Rosny, et où chaque meuble, chaque tableau avait repris une place absolument la même que celle qu'il avait en France; quand autour de cette même table qui, à une époque plus heureuse, avait réuni à peu près les mêmes personnes, on reprenait les conversations d'autrefois; quand on parlait des amis restés fidèles, des plaisirs que l'on avait goûtés, de l'avenir que l'on s'était arrangé, l'illusion commençait. Elle se complétait dès que l'on annonçait une infortune à secourir, un bienfait à placer. Oh! alors, c'était comme aux jours prospères : sans délai, presque sans réflexion, l'infortune avait sa part; le bienfait volait, on oubliait l'exil, on se croyait en France.

Si, pour renforcer les tons de ce tableau, on avait cherché du mordant dans les souvenirs, de l'âcreté dans de trop justes ressentimens, on ne les aurait pas trouvés. Le bien seul se détachait et faisait relief : le mal se perdait dans l'ombre. Pour faire une place plus large aux affections, on oubliait les haines, on se taisait sur les torts pour s'étendre plus à l'aise sur les services. C'était la même grandeur d'ame que l'on avait admirée dans d'autres circonstances; la forme seule en était changée.

XXIII

Styrie.

(SUITE.)

—

Pour se rendre de Gratz en Croatie on côtoie la Mure, belle et rapide rivière sur laquelle on fait descendre des radeaux au delà de Lébérin. La vallée prend un caractère plus déterminé : les collines s'élèvent et ont une inclinaison plus marquée. Les prairies naturelles se partagent le sol avec des cultures au milieu desquelles les habitations sont presque toutes placées. La construction des maisons n'a rien de pittoresque. Ces vastes châteaux développent leurs murailles blanches (en Allemagne, les édifices n'ont pas d'autre couleur) au milieu des forêts qui bordent l'horizon. On est entouré d'un paysage riant, à la vue duquel il semble que l'on participe au bonheur des habitans qui l'animent. Quand la chaîne des côteaux s'interrompt, l'œil suit des lointains délicieux et qui font deviner des contrées aussi riches et aussi belles que celles d'où l'on s'eloigne à regret.

Je voyageais avec ravissement à travers ce beau pays. Sa configuration, sa culture, ses forêts, la forme et la situation de ses habitations, tout me rappelait la province qui m'a vu naître et vers laquelle me reportent mes pensées de tous les momens et les vœux que, pour remplacer l'espérance, mon cœur ne cesse de former. Le costume des habitans complétait mon illusion ; car il a pris cette uniformité qui ferait croire que la civilisation ne marche qu'un patron d'habit à la main, tant, partout où elle pénètre, elle fait disparaître les costumes nationaux qui, jadis, mieux que des limites incertaines, indiquaient le plus ou moins de progrès qu'elle avait faits.

Quand on observe du bien-être ou du malaise dans les pays que l'on visite, il importe de rechercher les causes auxquelles on doit les attribuer. Je me suis donc informé de ce qui produisait de si heureux effets. J'avais vu, dans des contrées aussi riches de leur sol, aussi avancées en agriculture et beaucoup plus en industrie, une déplorable misère, tandis qu'ici je ne remarquais que de l'aisance. J'appris que deux causes se réunissaient pour la créer et l'entretenir : l'inégalité des partages, sans distinction de la classe des propriétaires ; la tardiveté des mariages.

La fortune du paysan comme celle du seigneur ne se divise pas en portions égales parmi les enfans. L'un d'entre eux en a la plus forte part. La plupart des autres, au lieu de se marier, cherchent des moyens d'existence dans le service militaire, dans l'état ecclésiastique, dans des métiers, dans l'émigration ; et s'ils ne peuvent faire des citoyens utiles, ils évitent au moins d'ajouter aux embarras de la société, en créant des familles dépourvues de moyens d'existence. La population ne s'accroît pas avec cette effrayante activité qui, dans d'autres pays, lui fait dépasser les ressources qui pourraient l'entretenir. Aussi tous ses membres ont une aisance relative très satisfaisante. On ne voit pas les champs morcelés se couvrir de cabanes étroites ; mais on se complaît à regarder de vastes fermes où tout respire l'ordre et le confort, parce que tout est soumis à une pensée unique, préparée par une éducation convenable et secondée par une subordination résultant d'une nécessité que rien ne rend pénible.

Une des conséquences de cet état de choses est un retard très sensible dans l'âge où se font les mariages. Ici l'âge moyen des hommes qui se marient est vingt-neuf ans, et celui des femmes vingt-six. La fécondité des unions est fort restreinte ; mais elle suffit cependant à l'entretien et même à une notable progression de la population; ce que l'on doit attribuer principalement à la faible mortalité des enfans.

Je ne connais pas d'agriculture *routinière* plus productive et mieux entendue que ne l'est celle de la Styrie. Je n'ai vu nulle part la moindre trace de théorie ni dans les assolemens, ni dans le choix des plantes, ni dans celui des instrumens aratoires; et cependant il n'est pas une parcelle de champ qui ne soit cultivée dans toutes les saisons de l'année, et les plantes se succèdent, souvent même croissent simultanément sans se nuire; et les outils dont on se sert fonctionnent aussi bien, mieux peut-être que s'ils avaient été inventés par quelque membre des sociétés savantes et exécutés à grands frais dans les ateliers d'une capitale. Là jamais la terre ne se repose. Une récolte succède à une autre, sans que le sol fécondé par des engrais se fatigue et s'épuise. Au blé, au seigle, succèdent immédiatement le millet, le blé sarrasin, la betterave, le potiron qui procure, pendant l'hiver, une nourriture fraîche aux animaux nourris à l'étable. Cette dernière plante se mêle avec le haricot et le tournesol à la culture du maïs et de la pomme de terre.

Je traversai de nouveau la rivière de la Mure et je m'engageai dans un vallon étroit qui se prolonge pendant plus de trois lieues, sans y remarquer rien qui présentât de l'intérêt. Parvenu au point où il débouche dans une large vallée, je vis étendue au sud une double chaîne de montagnes couvertes de forêts sur leur versant septentrional et de vignes sur le côté opposé. Leur intervalle présente un assemblage de mamelons à travers lesquels la Drau, rivière impétueuse, s'ouvre un passage.

La culture de la vigne reparaît aux environs de Marbourg. Elle produit des vins blancs et rosés, légèrement parfumés de muscat, et d'une qualité supérieure.

La petite ville de Marbourg étend ses maisons à un seul étage et soigneusement peintes en blanc ou en jaune sur le prolongement de rues assez régulièrement tracées. Une école, dans laquelle soixante enfans d'officiers reçoivent une éducation qui les prépare à la carrière suivie par leurs pères, donne quelque relief à cette ville. Ainsi que dans plusieurs villes d'Allemagne, j'y ai remarqué ce qui a disparu dans les petites villes de France et d'Italie, cette classe intermédiaire qui se recommande moins par de la fortune et une position brillante que par des services obscurs, de l'éducation et une tradition prolongée d'existence honorable.

A la sortie de Marbourg, on traverse pendant six lieues une plaine maigre et mal cultivée, avant d'arriver à la petite ville de Pettau, agréablement située sur la Drau. Son vaste château situé sur une éminence a été converti en une caserne d'invalides que je n'ai pas été plus tenté de visiter qu'une église que l'on dit fort belle, mais de laquelle sortait au moment où je me disposais à y entrer un convoi de trois morts. Le choléra dévastait cette malheureuse cité dont il avait presque décimé la population. Aussi eus-je la précaution de ne m'y arrêter que le temps rigoureusement nécessaire pour relayer. Les environs de Pettau avaient échappé au fléau.

Cette contrée est plate et bien cultivée. On peut y observer la transition de la race allemande à la race slave. On y remarque un mélange des types des deux nations. Ce n'est qu'au delà d'une rivière large et rapide, dont on traverse un des bras sur un mauvais pont en bois sans balustrade, et l'autre sur un bac, qu'en passant de la Styrie dans la Croatie on est frappé de la différence des populations de l'une et de l'autre de ces provinces.

XXIV

Croatie.

—

Bornée au sud par des montagnes d'une faible élévation, la Croatie s'étend en plaines unies et bien cultivées. Ces montagnes sont assez distantes de la route que je parcourais pour ne paraître que comme le cadre bleu d'un immense tableau. Une plaine qu'interrompent des bouquets de bois et des villages déroulait son invariable horizontalité et ses champs chargés de belles récoltes ; mais ces bois sont ravagés par les bestiaux ; ces villages n'indiquent pas l'aisance. Sur les deux côtés d'un vaste espace prolongé en forme de rue, sont rangés les pignons de cabanes en bois ou en clayonnage plaqué en terre et blanchi à la chaux. Les fenêtres de quelques unes de ces cabanes sont garnies de persiennes peintes en vert, genre de luxe qui ne s'accorde guère avec la chétive apparence du reste de l'habitation. De distance en distance, des puits que surmonte un arbre en bascule destiné à en tirer de l'eau remplacent les fontaines dont le pays est entièrement dépourvu. Les cours sont fermées avec des clayonnages faits de petites branches entrelacées dans des pieux fixés en terre. De nombreux troupeaux de cochons et d'oies fouillent le sol des rues et l'entretiennent dans un état constant de désordre et de saleté.

La Croatie reçoit un air tout spécial du costume et plus encore de la physionomie de ses habitans. Une taille élevée et droite, une tête ronde, des petits yeux, une bouche large et des lèvres épaisses signalent une race bien distincte. Le costume des hommes se compose d'une chemise plissée autour du cou par une coulisse et tombant par dessus le pantalon jusque au milieu des cuisses, d'un large pantalon de toile, et de bottines. Un sac en cuir noir suspendu à une bandoulière, ornée de nombreux boutons de cuivre, tient lieu de poches. Les cheveux sont coupés carrément sur le front et au dessous des oreilles.

La tête des femmes est enveloppée dans un vaste fichu dont, après qu'il a couvert le menton et presque la bouche, les bouts vont se nouer sur le sommet de la tête. Une chemise à larges manches, plissée autour du cou comme l'est celle des hommes, un corset fermé par un lacet rouge, composent tout leur habillement. Les femmes qui ne vont pas nu-pieds sont chaussées de bottines dont la forme prouve qu'elles n'ont pas de prétentions à la petitesse du pied. Afin de concilier la légèreté de leur costume avec l'exigence des saisons, ces dames y joignent en hiver une vaste pelisse de peau de mouton.

Les femmes mariées se distinguent de celles qui ne le sont pas par le fichu dont je viens de parler, que, lorsqu'elles travaillent, elles échangent contre une petite toque en toile sous laquelle les cheveux sont relevés. Les filles vont toujours tête nue. Leurs cheveux divisés en deux tresses tombent sur leurs épaules.

La sagesse est pour les filles croates une condition indispensable de mariage. Au chagrin d'être condamnées à un irrémissible célibat, se joint pour celles qui ont été faibles la honte d'une dégradation publique. Amenées dans l'église, à genoux au pied de l'autel, elles reçoivent une vive réprimande du prêtre qui leur met sur la tête la toque des femmes mariées; et voilà les pauvres créatures condamnées à n'être ni filles, ni femmes, ni veuves, et à supporter les inconvéniens de tous ces états.

S'il fallait croire des rapports qui semblent ne

pas être dénués de vérité, cette réserve imposée aux filles cesserait avec le célibat, et leur moralité ne répondrait guère à de si favorables antécédens. Ce qui me disposerait à croire à leur vertu, c'est la dégoûtante négligence de leur toilette. Seraient-elles si sales, si dépourvues de coquetterie, si elles avaient envie de plaire?

La route traverse un assemblage de maisons assez propres rangées sur les côtés des rues mal pavées, mal alignées, tantôt s'ouvrant de manière à former des places irrégulières, tantôt se rétrécissant en ruelles. Au centre est une église dans laquelle on a doré avec plus de dépense que de goût des autels, des saints, des cadres de mauvais tableaux. Tout cela se nomme Warasdin. Il se fait dans cette ville un fort grand commerce de laine, de tabac et de sangsues. Toutes les semaines, on expédie pour Paris un fourgon suspendu et traîné par quatre chevaux de poste, tout chargé de ces précieux animaux.

Au delà de Warasdin, l'aspect de la contrée change complètement. Des forêts occupent une grande partie de la plaine et encadrent des cultures qui vont jusqu'aux vignobles plantés sur la partie la plus élevée des côteaux. Le pays paraît jouir d'une grande aisance.

En passant devant une maison de riante apparence et peinte en rouge ainsi qu'une église qui en était fort rapprochée, je vis un gros prêtre à face rubicoude, à longue barbe grisonnante, à ventre rebondi, familièrement assis à côté d'une femme assez fraîche qu'entouraient quelques enfans. Ma voiture allait lentement et je pouvais examiner cette scène à loisir. Déjà quelques pensées peu charitables avaient trouvé place dans mon esprit, lorsque le postillon qui, à un sourire que je ne songeais pas à comprimer, les devinait peut-être, m'informa que M. le curé était un prêtre grec qui partageait entre une femme et une demi-douzaine d'enfans ce qu'il pouvait économiser sur les émolumens de sa cure et les soins et la tendresse qu'il accordait à son troupeau. Tout cela me parut très moral et convertit en édification le scandale qui était sur le point de se glisser dans ma pensée. J'eus peine cependant à concilier cette paternité en soutane avec l'idée du sacerdoce, telle au moins que l'habitude l'a introduite dans mon esprit.

Le désir de visiter une colonie militaire m'engagea à abandonner la ligne de poste à Koprenik, gros bourg avec une citadelle dont les fortifications en terre sont bien conservées. On ne me donnait pas la certitude que la route qu'il me faudrait suivre serait bonne ; que les relais seraient bien pourvus de chevaux. Je n'en persistai pas moins dans mon projet, convaincu que j'étais que je ne resterais pas en Croatie faute de moyens d'en sortir. On mit les rênes destinées à diriger quatre petits et maigres chevaux à peine enharnachés dans les mains d'un rustre que l'on affubla d'une veste de postillon et d'un ample claque galonné en argent, sous lequel ce que l'on apercevait de sa figure avait l'air le plus grotesque du monde. Il fut convenu que ce bizarre équipage me conduirait jusqu'à Saint-Georgio, chef-lieu de la colonie, pour le commandant de laquelle j'avais une recommandation. Après deux heures de marche, ma voiture s'arrête et le conducteur prétend être arrivé au lieu convenu. Mon interprète soutenait le contraire. La contestation est portée devant un officier qui était à la fois commandant militaire, administrateur et juge du village. L'omnipotent donna tort au postillon et lui enjoignit de poursuivre sa route. Au lieu d'obéir, celui-ci détela ses chevaux. Un sergent chargé de l'exécution de l'ordre fit siffler à ses oreilles une baguette de coudrier bien vernissée, bien droite, bien flexible surtout, avec laquelle il se donnait alternativement de l'importance et des graces. — L'avertissement ne produisant pas d'effet, le sergent lui donna une forme plus positive, en appliquant vigoureusement et avec une prestesse qui indiquait une main exercée deux ou trois coups sur une culotte de peau noire

que tenait fortement tendue la position prise par le postillon pour détacher les traits. A l'impassibilité du patient, à son obstination à continuer ce qu'il avait commencé, on eût pu croire que le sergent avait frappé sur un autre. Il fallait recourir à l'autorité du capitaine qui vint en prononçant tous les juremens de la langue croate. Dès que le paysan l'aperçut, il se hâta de rateler ses chevaux. Tout était prêt et j'adressais mes remerciemens à l'officier, lorsque celui-ci me pria de suspendre mon départ jusqu'à ce qu'il eût rempli une indispensable formalité. A un signe qu'il fit, deux grands gaillards à moustaches et en capote de toile saisirent le postillon et lui tirèrent les bras de manière à donner à son dos une forme bien convexe sur laquelle la canne élastique du sergent put exercer toute sa souplesse. Je priai le capitaine de considérer que le malheureux avait été déjà corrigé et d'user d'indulgence. « Je me suis dérangé pour ce
» drôle, me répondit-il, ma dignité exige qu'il
» paie les frais du déplacement. Mais, par con-
» sidération pour vous, je réduis à douze les
» vingt-cinq coups de bâton qu'il devrait rece-
» voir si je lui faisais bonne justice. »

L'exécution commença. Le sergent levait sa baguette en trois temps, la faisait tourner en sifflant autour de sa tête et retomber sur les épaules du pauvre diable de manière à ce que l'on ne pût douter qu'il voulait compenser par la violence des coups la réduction qui avait été faite sur le nombre. L'opération terminée, on envoya le malencontreux postillon me baiser la main pour me remercier de mon intercession. Il remonta sur son siège et rendit si bien à ses chevaux les coups qu'il avait reçus qu'en quelques minutes j'atteignis la station où il avait refusé de me conduire.

J'avais mis à profit le temps que cet épisode m'avait donné pour observer. Un grand nombre de paysans s'étaient réunis autour de ma voiture. Tous faisaient partie du régiment dans la circonscription duquel je me trouvais. On ne l'eût certainement pas deviné à leur costume. Ils étaient couverts des épaules au talon d'un manteau blanc ou gris, bordé d'un galon rouge, avec une grande pièce carrée en forme de mantelet, et deux manches fort courtes dont les extrémités étaient formées de manière à les transformer en poches. Lorsque le manteau s'ouvrait, on apercevait une chemise tellement courte qu'elle laissait un intervalle de plusieurs doigts jusqu'à la ceinture d'un pantalon que l'on aurait pris pour deux jupes réunies. La chaussure se composait d'une semelle de peau non tannée fixée au pied par de larges courroies qui tournaient autour de la jambe et étaient si rapprochées qu'elles formaient presque un brodequin. Les cheveux luisans de graisse étaient partagés du front à la nuque en deux tresses qui accompagnaient les oreilles, et tombaient sur la poitrine.

Le costume des femmes est moins repoussant. Leurs cheveux lissés à la graisse [1] et tressés sont toujours symétriquement arrangés. Pour se garantir du soleil, elles se couvrent la tête d'un chapeau de feutre autour duquel elles plissent une serviette dont l'extrémité tombe sur les épaules. Une longue chemise serrée autour des reins par la ceinture d'un tablier forme tout leur habillement. Lorsque, ce qui est rare, elles ne vont pas nu-pieds, elles portent des bottines que, pour l'honneur de leur pied, je veux croire qu'elles empruntent à leurs maris.

Les enfans des deux sexes sont envoyés dans des écoles tenues selon la méthode de Lancaster. Ils y apprennent, outre les principes de la religion, la lecture, l'écriture, l'arithmétique et la langue allemande.

Au delà de Saint-Georgio, la route traverse une plaine sablonneuse et dépourvue de végétation et une forêt de plusieurs lieues d'étendue

---

[1] La pommade dont ces dames font usage n'est autre chose qu'un morceau de lard.

dans laquelle on a pratiqué des éclaircis afin d'y établir un village militaire. Au milieu des défrichemens sont restées les souches et même un grand nombre des arbres que l'on a tenté de détruire pour les remplacer par des cultures. Leurs troncs charbonnés s'élèvent comme des colonnes funéraires. D'autres pourrissent couchés sur le sol dont ils rendent improductives des portions notables, tandis que tout près coule une rivière navigable qui transporterait ces bois que l'on ne détruit qu'au moyen d'un travail sans compensation.

Cette partie de la Croatie est celle où l'absence de la civilisation se fait remarquer de la manière la plus choquante. A l'air farouche de ses habitans, à leur costume uniquement composé de pièces carrées de linge ou d'étoffes grossières, et d'un manteau de peau de mouton; à la nudité de plusieurs parties de leur corps, à l'âpreté de leurs manières, à leur repoussante malpropreté, à la forme de leurs maisons, on se croirait au milieu des savannes du Canada ou sur les bords de quelque rivière de la Nouvelle-Hollande. Et pourtant cette race est une des plus belles du continent. Les hommes, qui résistent plus que les femmes à un régime désastreux, sont grands, fortement musclés, hardis, alertes et adroits. Leur air a de la fierté, leur démarche de l'aisance;

et ces avantages, ils les possèdent à un degré assez éminent pour qu'on les remarque à travers tant de causes qui devraient les faire disparaître.

Les femmes dont la misère n'a pas affaissé les traits ont de la physionomie et de belles formes que la négligence des moyens propres à les conserver leur fait promptement perdre.

XXV

Colonies militaires.

Le voisinage des Turcs et l'impossibilité d'entretenir avec cette nation, toute en dehors des habitudes européennes, des relations propres à inspirer de la confiance, avaient fait sentir au gouvernement autrichien la nécessité de se tenir constamment en état de repousser des attaques d'autant plus imprévues qu'elles étaient presque toujours conseillées par le caprice de populations indisciplinées. Pour y parvenir, on établit sur les frontières une forme exceptionnelle d'administration qui régit une population de cinq cent mille ames répandue sur une zône d'environ cent vingt milles d'étendue. Cette zône est divisée en cinq parties et subdivisée en arrondissemens et en paroisses. Un officier général remplace le gouverneur dans les provinces, un colonel dans les districts, un officier d'un grade moins elevé dans les paroisses, et ainsi de suite en descendant jusque aux plus faibles fractions administratives et militaires.

Le sol, propriété du souverain, est morcelé en fiefs et concédé sous la condition d'un service militaire. Le fief d'un fantassin a une étendue de six à huit arpens suivant la qualité de la terre; celui d'un cavalier a un tiers en plus. Leur produit tient lieu de solde pendant la paix. En campagne, les soldats reçoivent la paie comme l'armée régulière. Chez eux, ils sont assujétis à des exercices fréquens et soumis à la discipline militaire. Tous les enfans mâles, à l'exception de l'aîné, appartiennent à l'armée; soldats en naissant, ils meurent soldats. Le service militaire tient lieu de la rente de la terre.

Les fiefs ne sont héréditaires que de mâle en mâle; cependant les filles peuvent le conserver en épousant les soldats qui leur sont désignés par les colonels.

Une veuve sans enfans mâles est obligée de se remarier à un homme propre au service militaire, sous peine de perdre le fief dont jouissait son mari.

Les officiers reçoivent leur solde en argent.

La garde des fleuves est confiée à une organisation fondée sur des bases à peu près semblables à celles de l'institution militaire.

Les villages militaires n'ont dans la forme ni dans l'arrangement des maisons rien qui leur soit spécial; et un étranger ne s'apercevrait pas qu'il est dans une *colonie de frontière*, s'il n'apercevait quelques uniformes bruns, quelques schakos, quelques baudriers suspendus aux maisons, dont on lustre le cirage noir, et un grand bâtiment servant d'arsenal et de salle d'exercice, qu'à ses portes et ses contrevens peints en larges bandes diagonales jaunes et noires il juge devoir être affecté à un service public.

Lorsque l'on a créé les colonies militaires, on a cherché à agglomérer le plus possible la population dont elles se composaient; il en est résulté de vastes villages séparés les uns des autres par des intervalles de plusieurs lieues. Ce qui était un avantage sous le rapport du service et de la discipline est devenu un inconvénient grave sous celui de l'agriculture et de la civilisation. Dans l'intérêt de l'une et de l'autre, il serait à désirer que l'on créât des villages entre ceux qui existent ; la terre y gagnerait dans la culture, la population dans son bien-être moral et physique.

La société a-t-elle profité à la création des colonies militaires? La population qui vit soumise au régime de ces établissemens est-elle heureuse? Peut-on espérer pour elle quelques progrès en civilisation, quelque amélioration dans son sort?

Une réponse négative semble devoir être faite à chacune de ces questions, lorsque l'on considère le temps qui s'est écoulé depuis la formation de ces établissemens et l'état de la population qui les compose et de la contrée où ils existent.

Quatre-vingts ans ont passé sur cette œuvre du génie de Marie-Thérèse. Deux générations ont disparu ; une troisième est près de finir, et celle qui leur succède est dans une situation à peu près semblable à celle où se trouvait la première que l'on a fixée dans ces déserts. Elle possède une instruction que l'on n'avait pas ; mais on ne remarque pas que cette instruction ait influé favorablement sur ses mœurs et son bien-être. C'est toujours le même abrutissement, la même immoralité, la même ignorance sur les points les plus essentiels, le même dédain des aisances de la vie et la même impuissance de se les procurer. De tant d'efforts et de persévérance, il est résulté quelques milliers d'êtres grossiers; de plus, quelques cabanes pour les abriter, quelques cultures pour les nourrir. Pour une amélioration réelle dans l'état moral et physique de cette population, pour des supériorités, seulement pour des médiocrités, on ne saurait en citer. Je ne pense pas que dans l'Europe entière il existe une population plus arriérée en civilisation et en intelligence que ne l'est celle de ces contrées. Les circonstances les plus simples embarrassent et arrêtent les individus que leur position et l'éducation qu'elle suppose devraient faire croire plus éclairés ; l'exercice brutal et sans contrôle d'une autorité qui s'étend à tout est leur unique moyen. Maintes fois j'ai acquis la preuve de leur complète impéritie, lorsque j'avais à leur demander les chevaux, qu'aux termes d'un ordre fort en règle et fort clair dont j'étais porteur ils ne pouvaient me refuser. Afin de se donner de l'importance, ils faisaient naître des difficultés dont le prétexte même n'existait pas ; et lorsque (ce qui arrivait rarement) ils avaient de la bonne volonté, ils ne savaient comment s'y prendre pour la faire valoir.

Il ne peut en être autrement dans un état de chose qui transmet son principe de stagnation à la portion de société qu'il régit, la propriété d'abord, l'industrie ensuite, c'est-à-dire l'intérêt privé dans ce qu'il a de plus actif et de plus stimulant sous les causes indispensables du progrès social; mais ces causes ne peuvent agir que sous la condition que rien ne s'opposera à la plénitude de leur effet. Or, ici, l'une de ces causes, l'industrie manque absolument; l'autre, la propriété est incomplète, puisqu'elle ne peut changer ni de formes ni presque de mains. Elle ne peut ni s'aliéner, ni s'accroître, ni se réduire. Le sol a reçu une division qu'il devra conserver à jamais. L'esprit n'a pas à s'exercer à ces combinaisons infinies que la modification de la propriété nécessite ailleurs. C'est tout au plus s'il trouve à le faire dans les moyens d'en tirer parti; tant ces combinaisons, toutes préparées d'ailleurs par une invariable routine, sont limitées par le défaut d'étendue et l'immuabilité de la possession.

Une telle organisation ne saurait reproduire que ce qu'elle a créé : des soldats et non des citoyens; des êtres condamnés à ne se mouvoir qu'au son du tambour, à tendre le dos à la schlague d'un caporal, à n'agir que sous l'inspiration et selon la volonté d'un capitaine; et, quand la guerre les aura épargnés, à mourir sur le sol où ils auront vécu de l'existence des brutes, presque de celle des végétaux. Aucun progrès n'est donc à attendre d'une société ainsi organisée. Ces institutions tant prônées n'ont donc d'autres résultats que d'arracher à des terres jusque là stériles la subsistance d'un certain nombre d'individus dont toute l'aptitude, dont l'unique destination se bornent à tuer et à se faire tuer, et à créer d'autres individus qui leur succèderont, stupides, misérables, asservis comme eux, et acceptant la vie aux mêmes conditions. Ce n'était pas la peine de tant faire pour en venir là et ne pas aller au delà, et de prodiguer tant d'éloges à ce qui, pour être bien, attend encore tant et de si difficiles perfectionnemens.

Ces perfectionnemens, on pourrait les obtenir si, renonçant à la destination première de ces établissemens, ou au moins la modifiant, on convertissait la servitude qui pèse sur cette population en une simple discipline militaire, si on lui abandonnait la disposition du sol qu'elle ne possède que sous la condition de le garder à jamais, et tel qu'il lui a été concédé, et si on la dotait d'une industrie facile et en rapport avec ses habitudes, et qui, la mettant sur la voie d'une industrie plus perfectionnée, préparerait ainsi le développement de son intelligence.

Je n'ajouterai pas à la témérité de hasarder ces idées celle d'indiquer les moyens de les réaliser.

XXVI

Hongrois.

Avant de me suivre en Hongrie, on voudra peut-être connaître les motifs qui m'engageaient à entreprendre cette excursion dont jusqu'alors peu de gens se sont avisés. Il me serait, je crois, plus facile d'indiquer ce que je n'allais pas y chercher que ce qui m'y appelait. Je commencerai donc par les considérations que je pourrais appeler négatives, sauf à déduire ensuite les positives, si toutefois je les trouve.

Je dirai donc que ce n'est pas dans un but scientifique que j'ai pris la résolution de visiter la Hongrie et la Transylvanie. Je ne me suis pas proposé d'étudier l'origine des hordes orientales qui à diverses époques ont inondé l'Europe, d'y rechercher des vestiges de leurs langues et de leurs mœurs, et des notions sur leurs plans d'invasion (si jamais elles en ont eu). Je ne me souciais guère davantage de l'histoire de ces contrées, malgré l'intérêt que peut présenter sa lutte de plusieurs siècles contre des nations aussi barbares que celles qui les habitaient ; lutte pendant laquelle un code de lois s'élaborait, un système de gouvernement se fondait sur des bases si solides que l'on croit qu'il existe encore et que l'on se persuade qu'il peut durer toujours, une liberté, ou ce que l'on appelait ainsi, s'élevait au profit d'une exception de la société sur l'asservissement de la plus grande partie du peuple.

Les richesses minéralogiques, les curiosités géologiques dont ces pays sont richement dotés, ne devaient pas m'occuper davantage. Mes études, non plus que mes goûts, n'avaient jamais pris leur direction vers cette partie de la science.

Non, j'allais y chercher une distraction aux contrariétés d'une position pénible, y promener cette inquiétude qui tourmente le proscrit, cette fièvre dont le principal caractère est un besoin de mouvement, d'agitation, de perpétuelle locomotion.

J'allais voir ce que tout le monde peut voir, avec la volonté cependant d'observer ce que la plupart du temps on se contente de regarder. J'allais voir ce que peu de voyageurs ont vu, parce que par sa position topographique, par son éloignement des routes fréquentées, par sa civilisation arriérée, par les difficultés que rencontre la circulation, par le peu d'empressement que les curieux mettent à braver de nombreuses privations, par la diversité des langues, par cette réunion de circonstances, dis-je, peu de gens se condamnent à tous les sacrifices qu'il faut subir lorsque l'on parcourt cette contrée. Ces inconvéniens, ces sacrifices, sont exagérés. En abordant les difficultés, on voit leurs proportions décroître et se réduire à celles qu'une persévérance commune peut aisément surmonter. Par compensation au mauvais état des auberges, on trouve dans la plupart des maisons habitées par la noblesse une bienveillante hospitalité. Si les habitudes militaires, la vie des champs, la rareté des rapports avec les étrangers, entretiennent une sorte de raideur dans les manières de quelques gentilshommes qui ont peu fréquenté le grand monde, cette raideur est balancée par de la cordialité, par des mœurs douces et affectueuses, par une sorte de timidité de formes qui semble l'expression du regret de ne pas être autrement. Et lorsque l'on pénètre dans les classes supérieures, quel ton élevé! quelles manières distinguées! quels procédés généreux! et quelle grace accompagne ces procédés! Aussi s'éloigne-t-on avec peine de ce pays que l'on n'allait visiter qu'avec une sorte d'effort de volonté. On en emporte des souvenirs agréables, on se persuade presque que l'on y laisse des amis, tant les relations que l'on y a formées ont rapidement acquis un caractère d'affection.

XXVII

Topographie.

—

La Hongrie, en y comprenant la Transylvanie qui, quoique gouvernée par des lois différentes, est renfermée dans le même bassin, habitée par des peuples ayant la même langue et une origine commune, et soumise aux mêmes évènemens politiques, la Hongrie, dis-je, a une étendue d'environ cent-quatre-vingts lieues de l'est à l'ouest, et de cent-trente du nord au sud. On y compte une centaine de villes, sept cents bourgs, quatorze mille villages et huit millions d'habitans.

Du pied de montagnes assez élevées pour conserver des neiges éternelles, et qui circonscrivent la contrée de presque tous les côtés, se déroulent de vastes plaines qui n'ont au dessus du niveau de la mer que l'élévation rigoureusement nécessaire pour faciliter l'écoulement des fleuves qui les traversent (250 à 300 pieds). Ces montagnes ne forment pas une chaîne continue ; elles élèvent leurs masses imposantes sans ordre de détail, et c'est leur ensemble seul qui établit la limite générale de la contrée.

A l'est, trois vallées profondément creusées dans les monts Crapacks forment la Transylvanie. A l'ouest, la Save et la Drave marquent les confins de l'Esclavonie.

Les monts Crapacks forment une ligne arrondie de deux cents lieues de développement. L'élévation de leurs pointes les plus hautes est de douze mille pieds au dessus de la mer. Les pics qui s'en détachent montrent un granit nu et sans la moindre apparence de végétation. A la base de ces pics se rattachent des chaînons dont la direction est perpendiculaire à celle de la chaîne principale, et qui se terminent en s'abaissant vers les plaines, par la région des mines de sel gemme et de métaux. Chacune de leurs ramifications pousse en avant une espèce de promontoire armé de cônes basaltiques qui leur donne un aspect inusité.

Il semble que la nature ait dédaigné de former des collines pour servir de transition des hautes montagnes à un sol uni ; car de vastes plaines étendent par des pentes presque insensibles leur surface unie jusqu'aux fleuves qui se sont creusé des lits dans leurs parties les plus déclives. Une de ces plaines a une étendue de plus de cent lieues de largeur, presque entièrement dépourvue de culture ; elle a tout l'aspect d'un désert que rendent triste et malsain une succession de sables mobiles et sans végétation, et des marais.

Le Danube, la Theiss, la Save et la Drave servent de dégorgeoirs à toutes les eaux qui tombent du ciel ou sortent des montagnes. Le Danube est tout parsemé d'îles : son cours fort rapide, lorsqu'il est resserré entre des montagnes, perd son activité dès qu'il traverse des plaines. Son lit s'évase, ses eaux paresseuses s'infiltrent dans les terrains qui l'abordent et y entretiennent des marais. Parvenu aux pieds des montagnes de la Servie, il reprend une fougue qu'accroissent les rochers qui contrarient sa marche et rendent sa navigation dangereuse.

Les rivières tributaires du Danube participent aux principales conditions que je viens d'assigner à ce fleuve. Rapides ou presque stagnantes, suivant les accidens des terrains qu'elles rencontrent, elles présentent une alternative de navigation saccadée et périlleuse, lente et embarrassée de bas fonds, des bords marécageux et impropres à la culture et un aspect monotone et attristant.

Le lac Balaton et le lac Neusiedel se distinguent par leur étendue de cette multitude de flaques que l'on décore fort mal à propos du nom de lacs. Le premier a une longueur de vingt-deux lieues et une largeur qui varie de trois à six. Le second est moindre de moitié.

Dans toutes les dépressions de terrain, on voit sourdre des sources d'eaux salées. Les plaines sont coupées par de petits lacs d'eaux saumâtres. Lorsque je parcourais la Hongrie, ces lacs étaient à sec. Le terrain qu'ils occupent présentait la forme d'un entonnoir. Il était entièrement couvert d'une efflorescence blanche et assez épaisse, semblable au salpêtre et en ayant la saveur et plusieurs des propriétés. Ailleurs, c'étaient des marais aux eaux rouilleuses et infectes. Dans quelques parties, la plaine, unie comme si elle avait subi l'opération d'un nivellement, semblait toute composée de coquillages.

On voit en assez grand nombre dans la plaine des lacs de natron, une des curiosités de la Hongrie. Leurs eaux desséchées pendant l'été laissent à la surface de la terre une efflorescence saline dont l'aspect est celui d'une neige sale. La récolte qui s'en fait tous les trois ou quatre jours et se présente chaque fois aussi abondante fournit annuellement une quantité de dix à douze mille quintaux, quoiqu'elle n'ait lieu que sur l'emplacement d'un petit nombre de lacs dont le rapprochement des moyens de transports et des lieux peuplés favorise l'exploitation.

Le peu de profondeur des lacs qui tiennent le natron en dissolution rend facile et prompte l'évaporation de leurs eaux. Quant aux causes de ce phénomène, qui du reste se reproduit dans plusieurs pays de plaines sur toutes les parties du globe, on ne prétend les trouver que dans la présence d'un grand nombre de plantes, dont l'incinération produit une quantité notable de ce sel. Cette propriété est-elle l'effet de l'action du sol sur la plante, ou le natron entre-t-il dans la composition même de la plante ? C'est ce que je n'ai aucun moyen de décider. Je place humblement mon ignorance sous la protection du savoir de gens fort éclairés qui n'ont pu encore résoudre ce problème d'une manière satisfaisante.

Dans d'autres parties de la Hongrie, le salpêtre se produit de la même manière que le natron.

On évalue à trois cents lieues carrées la superficie des marais. La plupart pourraient être desséchés à peu de frais. Avec eux disparaîtraient les maladies qu'ils entretiennent, et dont les étrangers surtout éprouvent les effets pernicieux. Cependant cette cause d'insalubrité détruite, il ne resterait encore que trop d'influences funestes sur la santé dans l'extrême différence entre la température des jours et celle des nuits, dans la violence des vents, dans l'abus que les paysans font des vins très spiritueux, dans une hygiène qui pèche autant par les excès qu'elle comporte que par le choix vicieux des alimens, dans la manière de se loger et de se vêtir, et dans toutes les habitudes de la vie.

Le vaste plateau de la Hongrie se termine à l'est par une vallée étroite formée par le rapprochement des montagnes de la Transylvanie et de celles de la Servie, lesquelles sembleraient avoir été séparées par un effort violent qui aurait ouvert un passage aux eaux qui couvraient la contrée, et dont profiterait le Danube pour se rendre vers la mer Noire. Dans cette hypothèse, rendue probable par la composition des montagnes et du sol de la plaine, cette contrée long-temps submergée n'aurait reçu des habitans que bien des siècles après d'autres portions de l'Europe.

La Hongrie est un des pays les plus riches en mines, par leur valeur autant que par leur nombre et leur variété. L'or, l'argent, le sel, s'y trouvent presque partout.

On n'a pas de dénombrement exact de la population hongroise. Cependant les évaluations les plus probables en portent le chiffre à sept millions d'individus pour la Hongrie proprement dite, et à deux millions quatre cent mille pour la Transylvanie et la Croatie. Cette population serait répartie entre treize cent mille familles chrétiennes de toutes sectes, et quinze mille familles juives.

XXVIII

Agriculture.

—

Quoique cultivé sans intelligence et sans soins, le sol de la Hongrie se prête à la reproduction de tous les genres de céréales; le lin, le houblon, la garance, le safran, réussissent partout. La vigne donne des vins excellens. Les pâturages sont d'une qualité supérieure. Il ne manque à la Hongrie, pour prendre rang parmi les contrées les plus favorisées de l'Europe, qu'une direction plus éclairée dans son économie rurale.

La race des bêtes à cornes, qui se distingue par sa couleur grise presque blanche, a des proportions très développées et un type qui se retrouve dans tous les animaux qui lui appartiennent. Les vastes plaines situées entre Debretzin, Gyula, Temeswer et Pest, lui sont consacrées. On évalue à près de trois millions le nombre des vaches et des bœufs qu'elles nourrissent, à quinze cent mille arpens l'étendue des pâturages, et à douze quintaux de foin la production moyenne de chaque arpent.

La race indigène des chevaux est petite, et ne fournit presque plus à la remonte de la cavalerie depuis qu'on exige de forts chevaux pour les armes mêmes qui autrefois se contentaient des plus faibles. Des croisemens dirigés avec intelligence au moyen d'étalons tirés des pays où la race est plus perfectionnée procurent des élèves distingués ; mais jusqu'à présent l'influence de ce genre d'amélioration ne s'est guère fait sentir en dehors de quelques haras entretenus par des seigneurs.

Les moutons ont été l'objet d'une importante amélioration. L'introduction des mérinos a perfectionné les races indigènes, les a même fait disparaître sur beaucoup de points, et elle a créé une source de richesses qui tend à prendre un immense accroissement.

Le buffle et le mulet doivent être ajoutés à la liste des animaux qu'emploient l'agriculture et le roulage.

L'économie agricole compte par millions les porcs à poils longs et frisés qu'elle fait venir maigres de la Bosnie et de la Servie pour les engraisser, et des oies dont la plus grande partie est exportée en Autriche.

Le gibier est distribué avec beaucoup d'égalité dans la Hongrie. Quelques forêts en produisent une grande quantité ; d'autres en sont entièrement dépourvues. Les marais sont couverts de toutes les variétés d'oiseaux de passage.

Les fleuves et les lacs sont très poissonneux. Les ressources qu'ils offrent s'augmentent d'une immense quantité de petites tortues, et de grenouilles fort recherchées sur les tables autrichiennes.

Les forêts, d'une immense étendue dans le nord et l'ouest de la Hongrie, disparaissent complètement aux approches des fleuves. La plaine éprouve une disette réelle de bois. Les essences les plus communes sont le hêtre et le sapin. Le pin et l'acacia, ce dernier arbre surtout, pourraient en peu de temps couvrir des portions notables de terrains actuellement sans valeur, et seraient d'une ressource précieuse non seulement pour les usages auxquels on emploie habituellement le bois, mais même pour la création des voies de communication.

Il semblerait que la Hongrie si favorablement traitée par la nature devrait être le plus riche et le plus beau pays du monde. Il n'en est rien, et bien des causes se réunissent pour qu'il n'en soit rien.

L'incurie, la paresse et l'ignorance des habitans écartent ce bonheur qui s'offre de lui-même. La terre est mal cultivée. Des eaux stagnantes exhalent, pendant l'été, des miasmes malfaisans qui engendrent, chez les animaux comme chez les hommes, des maladies meurtrières. Les sources, presque toutes imprégnées de sel et de nitre, ne perdent qu'imparfaitement leur mauvais goût et leurs qualités nuisibles, en passant à travers des filtres que négligent même d'employer la plupart des habitans. Les puits donnent des eaux plus détestables encore.

L'usage immodéré des viandes, et notamment de celle du porc, un régime hygiénique mal entendu et l'abus des liqueurs fermentées font du scorbut une maladie presque endémique ; et une extrême malpropreté vient joindre ses pernicieux effets aux ravages de la misère.

L'éducation pourrait faire remonter les dernières classes vers de meilleures habitudes ; cette éducation manque d'une manière presque absolue. Redoutée peut-être par les classes qui pourraient la répandre, le besoin n'en est pas senti par celles auxquelles elles serait si utile. Ces classes fournissent peu de voyageurs ; et le petit nombre d'individus qui sortent de leur pays, isolés partout où ils vont par leur ignorance et par la différence de leur langage, sont sans moyens d'observer avec fruit, et ne rapportent chez eux rien dont on puisse tirer parti.

La possession du sol, en grande partie réservée à la noblesse, est trop incomplète pour le petit nombre d'individus étrangers à cette classe appelés à y participer, pour qu'il en résulte les moyens, le désir seulement d'y consacrer des soins efficaces.

De vastes portions de terrain sont régies par le système désastreux de la communauté ; là comme partout, ces terres sont presque entièrement perdues pour la production.

Les capitaux, fort rares dans le pays, n'y sont pas appelés par l'appât des bénéfices. Aucune vaste entreprise agricole, industrielle ou administrative, ne leur offre un emploi qui puisse les tenter. Aucune disposition n'existe dans les esprits ni dans les habitudes pour en tirer parti. Cet indispensable moteur des améliorations dans l'état actuel de la civilisation manque donc d'une manière absolue.

Et, faut-il le dire, le gouvernement autrichien est presque dans l'impossibilité de rien faire pour corriger un tel état de choses. Par sa prétention à se régir elle-même, par la sorte d'indépendance qu'elle affecte, par la distinction qu'elle maintient avec âcreté entre ses intérêts et ceux des états héréditaires, la Hongrie prive le souverain des moyens de travailler efficacement à son bonheur. Elle lui fournit d'assez mauvaise grace des hommes et de l'argent, en y mettant presque la condition que le gouvernement n'interviendra pas dans ses affaires. Celui-ci s'en arrange, n'exerce qu'une domination d'ensemble; et, au grand détriment du pays, se dispense de ces soins de détail qui cependant contribuent si puissamment au bonheur des peuples et à leur affection envers le souverain.

XXIX

Constitution.

Quoique réunie depuis plusieurs siècles à la monarchie autrichienne, la Hongrie conserve le titre de royaume, et est gouvernée comme telle par le souverain qui joint le titre de roi à celui d'empereur. Cette forme de gouvernement paraît ne pas étouffer complètement ses souvenirs et ses regrets, quelque reculée que soit l'époque à laquelle ils remontent. Ces regrets prennent dans certaines occasions le caractère d'une antipathie bien prononcée à l'égard des peuples avec lesquels la réunion s'est opérée. Le régime que l'on regrette n'était pas cependant un moyen de bonheur et d'indépendance pour les gouvernés. La plus grande partie de la nation, livrée au despotisme capricieux d'une noblesse alors peu civilisée, se voyait entraînée dans toutes les guerres nationales ou particulières qu'il plaisait à celle-ci d'entreprendre. Ce que l'on appelait la liberté, n'était que la turbulence des seigneurs, leur résistance au souverain toutes les fois qu'il ne leur convenait pas de lui obéir, et la faculté de se battre entre eux.

Cet état de choses n'existe plus ; mais les modifications qu'il a subies blessent la fierté nationale, et on prétend ne pas accepter les avantages incontestables dont elles s'accompagnent, en échange de ce qu'elles ont fait perdre d'indépendance. La plupart des anciennes institutions ont été conservées, mais nominalement, et de manière à ne plus être que de vaines fictions. L'esprit de nationalité se perd dans des emplois et des faveurs que la noblesse, qui seule y participe, recherche avec avidité. Les diètes ne délibèrent plus que sous l'influence très prépondérante du gouvernement. Les efforts pour conquérir leurs anciens priviléges, tentés par quelques individus qu'excitent des vues personnelles bien plus que des considérations générales, servent de prétexte à l'esprit de défiance que le gouvernement laisse percer dans de nombreuses circonstances. La couronne autrefois élective est devenue héréditaire ; le souverain réside dans une capitale étrangère au royaume, qu'il ne quitte que pour venir se faire couronner ; les diètes ne sont pas régulièrement convoquées. De là mécontentement, indifférence d'une part, défiance et mesures exceptionnelles de l'autre ; résistance là , domination plus rigide ici , et malaise pour tous , gouvernans et gouvernés.

Dans les intervalles qui séparent les diètes, la Hongrie est gouvernée par des édits émanés de la volonté royale. Elle conserve cependant le privilége important de concourir aux lois et de voter l'impôt : le souverain n'a que le *veto*.

Il a en outre le droit de faire la paix et la guerre, la nomination aux grandes charges de l'état et de l'église, à l'exception cependant de celle du grand palatin, laquelle est conférée par la diète sur la présentation qu'il fait de quatre candidats. Le pouvoir exécutif est exclusivement entre ses mains.

La diète est composée des magnats, des archevêques, des évêques, des gouverneurs, des comtes, des abbés et prélats députés des chapitres[1], des députés des provinces et des villes royales.

---

[1] Le clergé hongrois est en général puissant et riche. Les évêques les moins rétribués jouissent d'un revenu de trente à quarante mille francs ; d'autres ont cent cinquante à deux cent mille francs de rente. Les revenus de l'archevêque de Gran s'élèvent à près de neuf cent mille francs.
Le clergé compte une centaine de voix dans la diète.

Le corps des magnats est formé des grands officiers de la couronne et des nobles ayant le titre de princes, comtes ou barons ; ses membres composent la *première table* ou chambre haute. Dans la *seconde table* ou chambre basse, sont relégués les prélats, les membres du clergé inférieur et les députés des comtés et des villes.

Quoique distinctes, les deux tables votent en commun.

La diète devrait être convoquée de trois en trois ans. Toute prescrite qu'elle soit par la constitution du royaume, cette période est souvent dépassée. Ainsi de 1764 à 1790 la convocation n'a pas eu lieu. La durée d'une session ne peut pas excéder deux mois.

La noblesse jouit de priviléges immenses. Tous les emplois publics, de quelque nature qu'ils soient, lui sont dévolus. Seule elle est apte à la possession du sol ; et à moins d'un anoblissement fictif, un paysan ne peut acquérir ailleurs que dans le territoire des villes libres. Les nobles ne peuvent être arrêtés que pour les crimes de haute trahison et les meurtres ; et encore après une condamnation légale. Étrangers aux charges de l'état, ils ne sont passibles que du service militaire, dont le haut clergé même n'est pas dispensé.

Il existe des nobles d'une autre espèce qui

jouissent de bien étranges priviléges, ce sont les *aidelmen*. Issus de familles se prétendant nobles, ils croiraient déroger en se livrant à quelque genre de travail ou d'industrie que ce soit. Comme ils ne possèdent rien, et que cependant ils sont dans la nécessité de se procurer des moyens d'existence, c'est au vol, et au vol avoué, patent, commis en plein jour et aux frais de ceux aux dépens de qui il s'exerce, qu'ils ont recours. Ils enlèvent les chevaux d'un voisin, le chariot d'un autre, entrent dans le champ d'un troisième, y prennent ce qui leur convient de la récolte et le transportent chez eux, sans que le possesseur du champ plus que ceux des chevaux et du chariot s'avisent de réclamer. Des coups seraient tout ce qu'il leur reviendrait de leur opposition; et la justice qui se montrerait fort sévère à leur égard, s'ils se portaient à des voies de fait, ne trouverait aucune punition à infliger à ceux qui auraient usé de violence à leur égard.

Les paysans sont sous le patronage de la noblesse qui les protége avec une efficacité réelle.

Les bourgeois vivent à son égard dans une complète indépendance. Ils ont des magistrats spéciaux.

Les paysans hongrois ne sont pas serfs. Leurs rapports avec leurs seigneurs sont réglés par une espèce de charte connue sous le nom d'*urbarium*, publiée en 1764 par l'impératrice Marie-Thérèse.

Cette charte détermine l'étendue des fermes concédées aux paysans, la nature et la qualité des redevances du travail et des prestations qu'ils doivent acquitter.

Les possessions sont perpétuelles, et elles équivaudraient à une possession absolue, si, à la mort sans enfans ou à la fuite du concessionnaire, la propriété ne revenait au seigneur.

Le droit de tenir auberge et de vendre du vin appartient au seigneur, qui ordinairement le concède à des paysans.

Un paysan ne peut être incarcéré ou puni corporellement que par un jugement du comté. Cependant l'usage permet d'enfreindre cette disposition. Les baillis peuvent, pour certaines fautes, ordonner une incarcération de trois jours et une punition de vingt-quatre coups de bâton pour les hommes, et du même nombre de coups de fouet pour les femmes. Les baillis ou administrateurs des villages sont élus par les habitans sur une liste de trois candidats présentés par le seigneur.

La répartition et la perception des impôts sont faites par les habitans sous l'inspection du seigneur ou de son délégué.

Les plaintes des paysans contre leur seigneur ou ses officiers doivent être adressées à la cour du comté.

D'après des renseignemens que je me suis procurés et que je dois croire exacts, les redevances annuelles pour une étendue de quarante mille toises carrées en terres labourables ou en prairies consistent dans le neuvième du produit, cent vingt journées de travail, un petit nombre d'agneaux et de volailles, et une assez faible quantité de beurre, de miel et de cire.

Selon l'évaluation donnée à ces redevances, le prix de ferme serait de cinq à six francs par hectare.

Ce qui rend onéreux ce genre de contrat, c'est la forme donnée à son exécution. Des difficultés nombreuses résultent du mode d'acquittement. Le travail ne rend pas tout ce qu'il devrait produire ; le travailleur contracte des habitudes de négligence et de mauvaise foi qu'il reporte sur ce qui l'intéresse personnellement. La culture en souffre, et l'œil le moins exercé remarque à chaque instant les fâcheux effets de ce système.

Cet état de choses, moins mauvais que celui des contrées où le paysan est serf, est loin cependant de procurer du bien-être à cette classe. Tout incomplet qu'il soit, il ne décide pas l'homme de la campagne à la déserter pour vivre dans les villes où d'ailleurs il ne trouverait aucun genre d'industrie qui pût compenser la position à laquelle il renoncerait.

La noblesse et le clergé ne contribuant pas aux taxes publiques, le poids en retombe en entier sur les bourgeois et sur les paysans, que, dans une formule naïve consacrée dans les actes publics, on désigne par l'expression : *plebs misera contribuens* (*la classe misérable qui acquitte l'impôt*).

Ces taxes destinées à couvrir les dépenses militaires et celles du gouvernement, des rentes, des indemnités pour cause d'incendies, d'inondations, de frais de députés à la diète, sont réparties en raison du nombre des individus composant les familles, de la valeur des bestiaux, de l'étendue des cultures et du produit présumé de l'industrie.

La contribution du royaume s'élève à quarante-cinq millions de francs.

XXX

Diversité des races.

―

La position méditerranée de la Hongrie, la nature de son sol, les inconvéniens résultant des marais qui la couvrent et des températures extrêmes qu'elle éprouve, auraient dû la préserver de ces attaques que provoquent un bon climat, une terre fertile, des facilités commerciales. Il n'en a pas été ainsi. Aussi haut que l'on remonte dans l'histoire, on voit ce pays exposé aux invasions de tous les peuples que l'orient versait sur l'occident. Huns, Gépides, Lombards, Awares, Slaves, tous s'y sont succédé, chassés les uns par les autres, après d'affreuses dévastations, jusqu'au Xe siècle, où les Magyares ou Hongrois sont venus y former un établissement stable. Au fléau des invasions a succédé celui des dissensions intestines. L'histoire des cinq ou six siècles qui ont suivi l'établissement des Hongrois n'est qu'une pénible succession de guerres civiles, de renversemens de trônes, de massacres de populations, auxquels se mêlaient des guerres avec les états voisins. Chaque siècle voyait des invasions opérées par les peuples de l'Allemagne ou par les Musulmans, des élections de rois accompagnées ou suivies de querelles longues et sanglantes. Tant de calamités ont cessé avec la forme du gouvernement qui en était la source. C'est lorsque la couronne, devenue héréditaire, a été s'accoler à celle d'un état puissant et capable d'accorder une protection efficace contre les attaques du dehors, et de comprimer les perturbations intérieures, que l'ordre et la tranquillité se sont fixés en Hongrie.

De toutes ces nations qui tour à tour ont envahi et possédé la Hongrie, est résulté un mélange de races et de langages dont la longue suite des siècles n'a pu encore effacer les origines diverses. Chaque peuple envahissant, chaque horde émigrante, chaque famille qu'un intérêt quelconque y a attirée, a conservé ses mœurs, ses formes, son langage primitif. Ni la communauté des intérêts et des lois, ni l'habitude de vivre ensemble, n'ont pu effacer les distinctions originelles. Il n'est pas jusqu'aux traits des physionomies qui se sont conservés intacts, tant la fusion des races a été contrariée par la divergence des habitudes ! tant aussi s'est maintenu l'esprit de nationalité qui exclue les alliances avec les familles d'une origine différente !

Une race, celle des Slaves, semble cependant dominer les autres. Elle les fait même disparaître à la longue partout où elle s'introduit.

Grands, actifs, industrieux, les Slaves jouissent d'une aisance relative plus étendue que les autres peuples avec lesquels ils partagent le territoire hongrois.

Les Croates se font remarquer par l'âpreté de leurs mœurs et la dureté de leur physionomie. Entraînés par la disposition assez générale qui porte à convertir les qualités en défauts, ou les défauts en qualités, selon le désir que l'on a de blâmer ou de louer, quelques voyageurs traduisent par de la franchise les manières grossières des Croates, et par du courage l'air féroce de leurs traits. Je n'ai vu en eux que des êtres peu civilisés, peu disposés à rendre service, peu soucieux des étrangers qui les visitent. Ils ne m'ont pas insulté, ils ne m'ont pas volé ; voilà tout l'éloge que je puis en faire.

Au centre de la Hongrie, dans ces plaines sans limites et presque sans possesseurs, s'est évasée là race des Mágyares dont l'agriculture et l'éducation des troupeaux composent toute l'industrie.

Les formes de cette race, sans être fort élevées, annoncent une extrême vigueur. Le développement de la taille semble avoir pris une direction horizontale de préférence à la direction verticale. La tête est grosse sans difformité; le buste court et très ample. Le système musculaire se fait remarquer par sa saillie dans les proportions raccourcies des bras, des cuisses et des jambes. Leur physionomie est accueillante jusqu'à la prévenance, on pourrait dire jusqu'à la provocation. Leur geste est animé, prompt, étourdi même; leur parole brève, rapide, accentuée. Le rire ne se fait jamais attendre, il arrive souvent sans être motivé. Une grande mobilité dans la manière de sentir et de juger se fait remarquer en tout. Je ne l'ai trouvée en défaut que dans les rapports de ce peuple, qui paraît avoir dès l'origine fourni à la Hongrie ses familles les plus distinguées, avec les étrangers. Ces rapports sont marqués au coin d'une politesse, on pourrait dire d'une affection qui ne se dément jamais.

Les gens à imagination pénétrante prétendent distinguer d'autres nations, ou pour mieux dire d'autres nuances de nations, dont, à mes yeux, l'analogie avec celles que je viens d'indiquer est si complète, que je n'ai pu les saisir. Je ne mentionnerai donc ici que pour l'acquit de ma conscience de voyageur les Jarzons, les Szeklers, les Slowaques et les Kumans, toutes races dont on veut trouver l'origine dans des colonies de Huns qui, fatigués des courses aventureuses de leur chef Attila, se seraient fixés en Hongrie. La repoussante laideur de quelques Kumans répondrait assez à l'effrayante idée que l'on se fait de nos jours encore des compagnons du féroce conquérant du V° siècle : mais je trouve les Szeklers et les Jarzons bien polis, bien hospitaliers pour des Huns; et leur caractère a dû éprouver une bien avantageuse transformation depuis l'époque où leurs pères étaient venus massacrer les nôtres dans le midi de l'Europe.

Une division de nation que l'on ne peut manquer d'observer est celle de la population valaque. Une taille petite, mais vigoureuse, une physionomie dure et en parfaite harmonie avec le caractère dont elle est l'expression, une paresse, et comme ses conséquences inévitables, une misère et une saleté excessives, distinguent les hommes. Le travail, de quelque nature qu'il soit, retombe sur les femmes, à peu près aussi laides, aussi sales que leurs maris. Dans les champs, elles labourent la terre; dans la maison, elles joignent aux soins du ménage et de la famille le tissage des étoffes et la façon des vêtemens; sur les chemins, les épaules chargées d'un berceau dans lequel dorment un ou deux enfans, un fuseau entretient leurs habitudes laborieuses. Les hommes passent leur vie couchés dans quelque angle de mur ou au pied d'un arbre, attendant là qu'on leur apporte leur repas. C'est tout au plus s'ils prennent la peine de remplacer le tabac qui brûle dans leurs énormes pipes.

Le maïs assaisonné avec du lait et de très mauvais fromage forme le fond de la nourriture des Valaques. Les hommes s'enivrent avec de l'eau-de-vie de prunes dont ils font un inconcevable abus. Les inclinations les plus basses, le vol, le mensonge, la plus absurde superstition, l'immoralité sous toutes ses formes, entrent dans le caractère de ce peuple, et entraînent pour lui un état d'abrutissement et de complète infériorité politique. Les Valaques sont des espèces de parias que l'on méprise quand on ne les maltraite pas, et qui partout sont ravalés presqu'au rang des esclaves. Ils se groupent autant qu'ils peuvent le faire dans des cantons où, malgré leur grand nombre qu'accroît l'étonnante fécondité des mariages ou des unions qui en tiennent lieu, ils sont aussi durement traités que dans les contrées où leur race est une sorte d'exception.

La nation allemande est répandue partout et n'est aimée nulle part dans la Hongrie, où elle a été attirée à diverses époques dans la vue de remplir les vides causés par les destructions de la population originaire. Cette nation se distingue par une civilisation plus perfectionnée, qu'entretiennent l'exercice de presque toutes les fonctions publiques, et l'exploitation des branches d'industrie les plus lucratives, notamment de celles des mines.

Je me suis détourné de ma route pour voir quelques villages habités par des Français dont les pères avaient été attirés et fixés là par l'impératrice Marie-Thérèse. Ces villages sont situés dans un pays marécageux, arrosé et souvent inondé par le Moros et la Bega, et dont la fécondité paraît compenser l'insalubrité. Mes compatriotes n'ont pas semblé me tenir compte de la peine que j'avais prise pour venir les visiter. C'est tout au plus s'ils se souvenaient de leur origine, dont la tradition ne s'accompagne d'aucune sympathie. La langue française, déjà tout altérée et dégénérée en patois mêlé d'allemand et de slave, cessera d'être parlée chez la génération qui remplacera celle existante.

On trouve aussi des Italiens, et surtout des Grecs et des Arméniens dans ce vaste *Capharnaüm* où sont confondus tant de peuples. L'accueil que j'avais rencontré chez mes compatriotes ne me disposait pas à répéter pour d'autres l'excursion dont ils avaient été l'objet. Je me borne donc à mentionner leur existence, sur le rapport qui m'en a été fait.

Un peuple répandu partout, se mêlant à tout, sans rien perdre de sa nationalité, qui est partout où il y a un mince bénéfice à faire, ou une humiliation à endurer, devait se trouver là. Les Juifs sont cabaretiers, aubergistes, marchands de bestiaux, colporteurs, usuriers. Ils exercent tous les métiers comme toutes les professions. Des lois exceptionnelles les régissent ; ils sont soumis à une taxe spéciale ; ils ne peuvent habiter ni près des frontières, ni certaines villes, ni les cantons où l'on exploite des mines. On voit qu'aucune humiliation des anciens temps ne leur a été épargnée, et que la civilisation n'a pas fait un pas en leur faveur. Doit-on s'étonner si leurs mœurs sont restées stationnaires et ont conservé leurs vices?

Au dessous, bien au dessous des Valaques et des Juifs, vivent et souffrent les Zingares ou Bohémiens. Ce peuple singulier, attaché à sa déplorable condition comme un autre le serait à l'état le plus complet de bien-être, erre en étranger sur le sol qui le porte, et presque en ennemi au milieu d'une société qui le repousse, et à laquelle il semble ne pas se soucier d'appartenir. Sans origine connue, sans code de lois, sans autre lien que l'aversion qu'il inspire et qui l'empêche de se diviser, il est une espèce de problème qui se produit, qui se meut, qui cherche partout une solution à sa fatigante existence, et n'en trouve pas même dans l'impatience qu'il cause. Les Zingares sont plus nombreux en Hongrie que partout ailleurs : leur nombre est évalué à quarante mille. Le dernier empereur ayant donné l'ordre de brûler les chariots et les tentes qui favorisaient leurs perpétuelles migrations, et de les fixer là où l'on rencontrerait leurs hordes, on les voit à l'entrée des villages par groupes de dix à douze familles, dans des cabanes en clayonnages, ouvertes à tous les vents, ou dans des trous recouverts de terre. De ces misérables huttes sortent des enfans qui poursuivent les voyageurs pour en arracher quelques aumônes, par l'importunité de leurs cris, et surtout de leur complète nudité. Le reste de la famille étale les haillons qui la couvrent à peine, comme pour motiver les poursuites des enfans.

Tous les Zingares ne sont cependant pas encore fixés. On en voit campant dans les bois, à peu de distance des villages, sous quelques lambeaux d'étoffes jetés sur des branches pour leur tenir lieu de tentes, et qu'emportent à leur suite des ânes qui semblent participer à l'état de détresse de leurs maîtres. Ce n'est que lorsque le vol, le hasard ou la pitié, leurs seules ressources, ne fournissent rien à leur existence, qu'ils recourent à leur précaire industrie, laquelle consiste à réparer des chaussures, aiguiser des couteaux, faire des tours d'adresse, dire la bonne aventure, faire danser des hommes et des chiens au son d'un mauvais violon.

Les Zingares ont un type particulier de stature et de physionomie. Leur taille est petite, effilée, mais assez bien proportionnée; une peau cuivrée tirant sur le violet; des yeux noirs, très prolongés et peu ouverts donnent à leur physionomie une expression toute spéciale. La malpropreté des femmes l'emporte, s'il est possible, sur celle des hommes; et les jeunes filles, généralement bien faites et jolies, ne tardent pas à devenir aussi repoussantes que leurs mères. Les enfans conservent leur état d'entière nudité bien long-temps après l'âge où les lois les moins sévères de la pudeur imposent l'obligation d'avoir recours aux vêtemens. Hommes, femmes, enfans, tous, sans distinction d'âge, de sexe, ni de parenté, vivent ensemble. Ils couchent sur de la paille et des herbes qui, quoique réduites à l'état de fumier, ne continuent pas moins à servir de lit à ce pêle-mêle que l'on ne saurait appeler des familles, puisqu'il n'y existe rien qui établisse un ordre quelconque dans les rapports entre les membres de ces étranges agrégations; rien qui détermine une paternité à laquelle personne ne paraît songer.

Tel est le besoin qu'ils éprouvent d'une vie errante qu'ils abandonnent au premier caprice les cabanes fort peu attrayantes, il est vrai, qu'ils se sont bâties à l'entrée des villages où ils espéraient exercer leur industrie. Dans ces occasions, ils prennent les précautions les plus minutieuses pour cacher la direction qu'ils ont prise. Leur bagage les embarrasse peu ; il consiste en quelques restes de vases de terre, des lambeaux d'étoffe et des outils indispensables à une industrie, prétexte de fraude et de vol plus que moyen d'une existence honorable. Tout le temps que ne réclame pas un indispensable travail se passe à fumer ensemble, moins pour se procurer la jouissance résultant de ce genre de *far-niente*, que pour obtenir un dépôt huileux laissé par le tabac dans le fond de la pipe où il a brûlé, et s'en régaler avec délice. Ils sollicitent avec plus d'instance que tout autre genre d'aumône la faculté d'enlever ce dépôt de la pipe des gens qu'ils rencontrent.

Leur inclination au vol semble calculée sur le peu d'étendue de leurs besoins. Des volailles, du linge, du bois, tout au plus, quand une occasion favorable se présente, un âne ou un cheval, sont l'objet le plus ordinaire de leur convoitise. Ils paraissent incapables de s'élever jusqu'aux combinaisons que réclament les grandes entreprises de vol. L'assassinat est tout à fait en dehors de leurs habitudes.

On en est encore aux conjectures sur l'origine des Zingares. Les recherches que l'on a faites à ce sujet au moyen des rapports de leurs traits, de leurs costumes, de leur langue, avec les analogues parmi les peuples de l'Asie, n'ont produit que des systèmes plus ou moins spéciaux, mais rien qui eût le caractère d'un fait démontré. Leur invasion en Europe remonte aux premières années du XV° siècle. En France, où ils sont connus sous le nom de Bohémiens, on n'en trouve quelques bandes que dans le Languedoc. Ils sont en plus grand nombre en Angleterre, et c'est en Hongrie seulement qu'ils forment un peuple.

On assure que le nombre en diminue d'une manière sensible. L'état d'abrutissement où ils vivent est impuissant contre les progrès de la civilisation. Il faut qu'ils se confondent ou disparaissent au milieu de la population générale, ou qu'ils s'éloignent du pays où elle envahit tout, ou qu'ils meurent. La reproduction, rendue moins active chez eux par la longue série des causes qui doivent la ralentir, ne saurait combler les vides sans cesse croissans qu'occasionnent leurs habitudes, et l'on peut assigner un temps très court à la durée de cette race.

XXXI

Costumes.

La variété des costumes facilite à l'observateur l'étude des mœurs et des classemens de nationalité qui se partagent la Hongrie. Ces costumes qui se mêlent partout ne se confondent nulle part. Chaque fragment de peuple, quelque éloigné de son origine, quelque isolé qu'il soit, conserve, avec la tradition de sa langue, celle du costume son ancienne patrie.

Ainsi les Slowaques ou Slaves portent des pantalons de drap; des bottines à semelles épaisses, rondes et garnies de clous; un gilet de drap ordinairement noir ou brun, orné de plusieurs rangées de boutons ronds en métal blanc; une chemise brodée en couleurs sur la poitrine et aux manches, et par dessus tout cela, en hiver, un manteau en peau de mouton; sur leurs cheveux, coupés carrément à la hauteur de la nuque et soigneusement lissés avec de l'huile ou de la graisse de porc, est posé un chapeau à fond rond, à rebords étroits, orné de rubans de diverses couleurs et de fleurs artificielles.

L'habillement des femmes slowaques consiste en un corset sans manches, de couleur foncée; une chemise qui le dépasse sur la poitrine et les bras; des jupons fort courts, et des bottines à talons de cuivre. Leur coiffure se compose d'une bande de toile, dont, après avoir fait deux fois le tour du cou, les extrémités viennent tomber sur la poitrine. Elle ne laisse apercevoir que les yeux et le nez. En voyant les figures des jeunes filles, qui, elles, n'ont pas la tête ainsi empaquetée, et dont les cheveux sont réunis en forme de queue par des rubans de diverses couleurs ou flottent sur les épaules, je me suis assuré que la coquetterie des femmes, loin d'y perdre, y gagne beaucoup.

Le costume des Croates se fait remarquer par la bigarrure des pièces qui le composent. Ce goût existe jusque dans les haillons qui couvrent tant bien que mal la plupart d'entre eux. Aux nuances très tranchées du corset et des jupes, les femmes joignent celles des bas et des chaussures. Les plus élégantes poussent la recherche au point de porter des bas rayés transversalement et par de larges cercles.

Les Maggiares s'habillent à peu près comme les Slowaques, avec cette différence que leurs pantalons, d'une ampleur démesurée, ressemblent à deux jupes réunies par une courroie qui tient lieu de ceinture, et que la chemise, trop courte pour entrer dans le pantalon, laisse à découvert une partie du corps. Le chapeau a une forme élevée autour de laquelle s'arrondissent les bords en se relevant de manière à former une espèce de gouttière.

Le costume des Valaques ne diffère de celui des Slowaques que par son excès de misère et de saleté. Les femmes de cette nation remplacent les jupons par deux tabliers posés devant et derrière et garnis de franges, lesquels tombent sur une chemise brodée en laine de couleurs variées. Un fichu arrangé en forme de turban leur sert de coiffures. Elles ne font pas usage de corsets. Leur chemise très ample est agrafée autour du cou, mais ouverte jusqu'à la ceinture. Cette partie de leur habillement leur sert à la fois de poches et de paniers. Les jours de marché, on en voit sortir des navets, un gigot, une paire de poulets, des œufs, un chou, tout ce qu'elles ont à vendre, et souvent l'exhibition ne se borne pas là. Je n'ai vu nulle part une plus étrange manière d'étaler sa marchandise.

Les paysans allemands, établis en Hongrie, se distinguent moins par une spécialité de costume que par une singularité de toilette. Le vêtement de dessous dont, dans tous les pays, la partie inférieure est renfermée dans le pantalon, le recouvre dans celui-ci [1].

On reconnaît les Juifs à une espèce de soutane noire en laine ou en soie, à un large chapeau ou à un bonnet en peau de mouton noir, à une longue barbe mal soignée et au désordre de leurs habits.

Les paysans qui se piquent d'élégance ont une veste et un pantalon collant à la hussarde, enrichis de brandebourgs en laine jaune. Un chapeau à la magyare complète ce costume.

C'est aux Grecs, en général fort riches, parce qu'ils font presque exclusivement le commerce de la Hongrie, qu'est réservée la palme de la recherche de toilette. Par dessus une veste de soie, qu'une ceinture en laine ou en cachemire réunit à un pantalon large et plissé sur des bottines de

---

[1] L'étoffe adoptée pour les vêtemens des gens du peuple se nomme *guba* : c'est un drap très épais, grossièrement fabriqué avec de la laine longue, et dont un des côtés ressemble assez à une toison.

maroquin rouge ou jaune, ils portent une redingote courte, ouverte par devant. De dessous une calotte rouge s'échappent des cheveux qui flottent sur les épaules.

Je ne connais aucun costume plus somptueux lorsqu'il a la prétention d'être riche, plus seyant, lorsqu'il est simple, que celui des nobles hongrois. Il consiste en une redingote croisée et fermée par des brandebourgs, sur laquelle est passé un ceinturon supportant un sabre recourbé, en un pantalon serré qui se perd dans des brodequins également serrés, et en un bonnet de fourrures surmonté d'une aigrette. Pour les jours d'étiquette, on substitue des brandebourgs en or aux brandebourgs en soie; on porte un sabre dont la poignée et le fourreau étincellent de pierreries; on se jette sur les épaules une pelisse garnie de riches pelleteries; on parsème de diamans le ceinturon du sabre, l'agrafe du manteau, le nœud de l'aigrette, la boucle qui serre le brodequin, et l'on complète ainsi le costume le plus leste dont jamais la coquetterie des hommes se soit avisée.

Les nobles de la garde hongroise font porter par leurs chevaux les pierreries qui ne sauraient trouver place sur leur costume. Les housses, les brides, toutes les parties des harnais, en sont chamarrées. On évalue à plusieurs millions celles qui décorent le harnachement de parade du cheval du prince Esthérazy.

XXXII

Aspect de la Hongrie.

La grande plaine de Hongrie présente presque partout l'aspect et donne l'idée d'un désert. On y rencontre peu de chemins. De larges espaces plus ou moins profondément sillonnés par les roues des voitures, et se croisant dans tous les sens sans qu'aucun ait une direction déterminée, en tiennent lieu. L'instinct des guides, aidé par des habitations misérables, et des puits placés comme des jalons, et à de grandes distances sur la ligne qui conduit aux villes, indiquent seuls et d'une manière imparfaite la direction qu'il faut suivre.

Ces habitations n'offrent au voyageur d'autre ressource qu'un abri qu'il lui faut partager avec les animaux de la ferme, avec leurs possesseurs, plus sales et plus misérables qu'eux. Construites en terre mêlée de paille ou en briques séchées au soleil, couvertes d'une manière imparfaite en roseaux, l'air y pénètre de toutes parts, sans pouvoir en chasser la fumée à laquelle on n'a pas préparé d'issue spéciale.

Sur la route, l'œil ne rencontre pas un arbre, pas un accident de terrain qui interrompe l'accablante monotonie de ce sol plat, uniforme, sans distractions, sans bornes, sans mouvement, sans bruit, et qui ne s'anime que la nuit, alors que le sifflement des oiseaux de marais qui volent pour changer de place, et les feux allumés par les pâtres qui bivouaquent auprès de leurs troupeaux et par les charretiers qui se couchent sous leurs voitures, annoncent la présence d'êtres vivans.

J'ai remarqué dans ces plaines un effet d'optique dont je n'ai pu me rendre compte. Les feux semblaient former autour de moi un cercle parfaitement rond et fort rapproché. Cependant des heures entières s'écoulaient avant que j'eusse atteint celui d'entre eux vers lequel je me dirigeais. A peine l'avais-je dépassé qu'il prenait rang dans le cercle formé par d'autres feux, au centre desquels je me croyais toujours placé. L'observation de ce phénomène, dont je reconnus bientôt l'impossibilité de me donner une explication satisfaisante, m'occupait et me servait de distraction pendant les nuits que j'employais à traverser ces plaines attristantes, afin d'échapper aux inconvéniens de l'hospitalité qu'il m'eût fallu demander dans les cabanes que je viens de décrire.

Le sol est très fécond ou entièrement stérile, selon que les eaux qui l'humectent y séjournent ou le traversent rapidement. Dans quelques parties, malgré le vice de la culture, le grain y rapporte vingt et vingt-cinq pour un. Dans d'autres, la bruyère même ne trouve pas les moyens d'entretenir sa chétive végétation. Ailleurs le sol ne se compose que d'un sable mouvant dont le vent agite la surface, et que, dans ses momens de repos, il laisse sillonné de petites rides.

L'agriculture a utilisé de vastes parties de ces plaines, et elle obtient, des soins peu intelligens qu'elle emploie, d'abondantes récoltes de seigle, de froment, de maïs et d'avoine. Presque toujours les cultures ne se rattachent à aucune habitation, pas même à une hutte qui puisse abriter un surveillant.

D'autres parties que la charrue n'a pas entamées servent à la nourriture d'innombrables troupeaux de chevaux, de vaches, de moutons, qui y séjournent toute l'année, sans égard pour les variations extrêmes d'une température fort inégale. Les pertes quelquefois énormes occasionnées par un tel état de choses entrent dans les calculs des propriétaires, dont les bénéfices s'évaluent sur une moyenne fort large.

Les gardiens qui partagent les habitudes et le mode d'existence des troupeaux n'échappent pas plus qu'eux aux chances qui en détruisent de grandes quantités. Ainsi qu'eux exposés à tous les caprices de l'atmosphère, ils n'ont pour s'en garantir que des manteaux de grosse laine ou de peaux de mouton. Ainsi qu'eux, ils semblent insensibles aux inconvéniens de leur vie sauvage et sans une pensée vers les circonstances qui peuvent en abréger le terme. Comme leur existence est sans attrait, la fin ne s'accompagne pas d'alarmes. Elle exclut les affections qui, dans des positions plus heureuses, attachent l'homme à la terre. La race des pâtres s'entretient à peu près comme celle des animaux confiés à leur garde. Les enfans destinés à la perpétuer, quand ils connaissent leurs pères, ignorent au moins les sentimens qui dans toute autre condition devraient les attacher à eux. Ils s'éloignent de leur mère dès qu'ils peuvent se passer de ses soins, et ils croissent dans le désert avec les animaux nés en même temps qu'eux, jusqu'à ce qu'à leur tour ils rendent à d'autres êtres la vie de brute qu'ils ont reçue. A peine vêtus de lambeaux de peaux de mouton pendant leur enfance, leur peau contracte une couleur cuivrée qu'elle ne perd plus. Une barbe et des cheveux qu'on laisse croître sans jamais leur accorder le moindre soin donnent à leur figure un aspect féroce. Le seul cosmétique qu'ils emploient est de la graisse dont ils enduisent leurs corps et leurs vêtemens, afin de préserver l'un de la morsure des insectes de tous genres qui les couvrent, et de prolonger la durée des autres que l'on ne change que lorsqu'ils sont absolument hors de service.

Il fallait à une telle population l'association d'animaux proportionnellement dégradés. Sur beaucoup de points, le buffle a été appelé à remplacer le bœuf dans les travaux du labourage et du transport. Son caractère âpre, ses habitudes grossières, sa repoussante saleté, ses formes disgracieuses, ses allures maladroites, son tempérament robuste et qui s'arrange d'une nourriture que dédaignent les animaux d'une autre espèce, tout le recommandait aux sauvages habitans de la Hongrie : il a été adopté.

La femelle du buffle donne en petite quantité un lait d'un goût délicieux et très riche en crême; mais, soit faute de soins dans sa préparation, soit mauvaise qualité dans son principe, le beurre que l'on en obtient m'a paru très médiocre.

La chair du buffle, dont souvent il m'a fallu me contenter, est détestable. Sa peau seule est utile par sa force et sa résistance. On l'emploie avec avantage pour la confection des harnais et dans le service des machines de presque toutes les usines, en remplacement du cuir de bœuf et des cordes de chanvre.

D'immenses étendues de terrain très propres à la plantation ou au semis des bois restent sans utilisation. A l'exception des villages dont les chemins sont bordés d'acacias, on ne voit pas d'arbres, pas même de buissons. On remplace le bois dans les foyers par de la bouze de vache pétrie avec des herbes, et la paille, et une quantité de terre grasse suffisante pour leur donner la consistance de la forme de briques que l'on fait sécher au soleil. La combustion en fait dégager une odeur infecte qui, combinée avec celle qui s'exhale de tous ces corps graissés qui s'approchent du foyer, menace d'asphyxie l'étranger qui vient chercher l'hospitalité sous le toit d'un paysan hongrois.

Les villages séparés les uns des autres par des distances de plusieurs lieues couvrent d'immenses étendues. Leurs rues sont très longues et larges de plusieurs centaines de pieds. Deux rangées d'acacias forment de chaque côté une espèce de trottoir, en arrière duquel s'alignent les maisons, dont le pignon est constamment tourné du côté du chemin. Ces maisons sont construites en terre, en briques séchées au soleil, souvent en simple clayonnage. Elles sont blanchies à la chaux extérieurement et entourées d'une cour. Leur couverture est en roseaux. L'intérieur est dépourvu des meubles les plus indispensables. A moins que la température ne s'y oppose d'une manière absolue, les hommes passent les nuits sous des hangars, souvent même sur les chemins, enveloppés dans leurs pelisses. En été, les femmes et les enfans couchent en dehors de la maison sur des lits entourés de rideaux et abrités par la saillie du toit.

Une église presque toujours vaste et bien ornée est placée au centre du village.

La vigne est cultivée sur les terrains les plus rapprochés des habitations. Les autres cultures en sont séparées par des distances souvent très grandes.

L'horizontalité parfaite de la plaine est fréquemment interrompue par des *tumuli* hauts d'une trentaine de pieds, que l'on prétend avoir été élevés par les Turcs pour y placer leurs sentinelles. Leur agglomération sur les mêmes points, leur défaut de correspondance entre eux, le rapport de leur forme avec les véritables *tumuli* m'engagent à les ranger dans la classe de ces monumens plutôt qu'à leur laisser la destination que la tradition leur assigne.

Un amateur de chasse pourrait trouver à satisfaire ses goûts. Les marais entretiennent toutes les variétés d'oiseaux dont les émigrations périodiques peuplent momentanément les marais des autres parties de l'Europe. Dans les plaines complètement dépourvues des espèces communes de gibier, on voit des outardes d'une prodigieuse grosseur. Dans une auberge, on me servit l'aile d'un de ces oiseaux qui, m'a-t-on dit, pesait vingt livres. Je n'ai pu vérifier le fait; mais à la dimension du morceau qui figurait sur ma table, j'accorde toute confiance à l'assertion.

Les débris de coquillages mêlés partout au sol ne peuvent laisser aucun doute sur la présence des eaux dans cette plaine, dont la conformation convient parfaitement à l'emplacement d'un lac. Ces eaux devaient être stagnantes; car on ne trouve pas un seul caillou roulé dans ce vaste bassin. Les sources salifèrées et les mines de sel dont il est parsemé peuvent faire penser que ces eaux étaient salées.

XXXIII

Mœurs et Coutumes.

—

On se fait en général une idée assez fausse du genre d'existence des nobles hongrois. On se les représente dans de vastes châteaux, menant une vie de princes, commandant durement à des paysans tremblans, et dissipant en somptueuse hospitalité des revenus immenses. On prend quelques exceptions pour des généralités. Les châteaux sont fort rares en Hongrie. La demeure des nobles, même d'un grand nombre de ceux qui peuvent être classés parmi les riches, n'est qu'une maison fort simple consistant en un rez-de-chaussée, et aux différentes pièces de laquelle on communique par une galerie ouverte donnant sur une cour formée par les bâtimens accessoires. Les appartemens sont meublés avec convenance, mais d'une manière simple. La table est plus abondamment que délicatement servie. Les domestiques sont nombreux ; mais ce genre de luxe coûte peu dans un pays où les vivres sont à vil prix et où le service domestique dispense du service militaire. Les écuries renferment un nombre de chevaux relativement plus considérable que celles des autres pays ; mais ces chevaux ne sont pas tous d'un choix très recherché, et la plupart sont employés à tous les travaux de la culture.

Extérieurement, presque toutes les demeures des nobles, alignées comme celles des paysans sur les rues des villages, sans cour qui les précède, sans jardins qui les accompagnent, sans un arbre qui les ombrage, ne se distinguent que par une façade plus étendue et plus soignée, des croisées garnies de persiennes et une porte cochère. Elles sont construites en briques, recrépies de mortier et blanchies à la chaux. Quelques unes ne manquent pas d'élégance. La plupart sont fort simples. A l'intérieur on y trouve de la propreté, de l'ordre, plus de prétentions à un luxe que l'on ne saurait atteindre qu'à un *confort* réel.

La noblesse hongroise a l'inappréciable privilége de jouir exclusivement des avantages que présente l'organisation sociale, et de ne participer à aucune de ses charges. Elle n'est assujétie à aucun genre d'impôts ni de taxes. De fait ou fictivement, elle possède la presque totalité du sol, dont la seule partie soumise à une contribution est celle qui ne lui appartient pas directement ; elle échappe à tous les droits d'octroi, de douane, de péage ; elle peut à la rigueur s'affranchir de l'acquittement de ses dettes, ou au moins en retarder le paiement d'une manière indéfinie ; elle peut même reprendre, au moyen d'une indemnité dans laquelle ne sont pas comprises les améliorations, une propriété vendue et payée, en se fondant sur une loi qui prescrit le retour à la couronne, en cas d'extinction de la branche mâle du donataire, des biens concédés par elle. La durée d'une génération étant supposée devoir être de trente-deux ans, l'héritier du vendeur peut, à l'expiration de cette période, rentrer en possession de la propriété.

Le seul moyen de recouvrement qu'aient les créanciers est la saisie des revenus du débiteur; mais cette garantie est limitée à l'existence de celui-ci, et ses héritiers peuvent refuser de la continuer. On doit reconnaître, à la louange des nobles hongrois, que la plupart d'entre eux se montrent fidèles aux engagemens contractés par eux ou par les parens de qui ils héritent ; mais la loi, la règle, sont là : l'application n'en est pas flétrie par l'opinion générale ; et il se présente assez d'exemples qu'elles n'ont pas été vainement invoquées, pour établir une juste défiance.

De ces dispositions, en apparence favorables aux intérêts de la noblesse, il résulte un effet tout contraire. Son crédit est tellement ruiné qu'elle ne trouve plus à emprunter à ces conditions que la confiance rend favorables, et qu'elle est dans la nécessité de recourir à des emprunts usuraires qui ne peuvent s'étendre assez pour faciliter des opérations vraiment utiles.

Dans l'intervalle immense qui sépare le noble du paysan, il existe, à une grande distance au dessous de l'un, à une distance non moins grande au dessus de l'autre, une classe dans laquelle on choisit les notaires, les intendans des seigneurs et les baillis ou administrateurs des paroisses : triples fonctions fréquemment réunies dans les mêmes mains. J'ai eu souvent l'occasion d'observer cette classe, parce que le service des postes étant remplacé par une sorte de prestation à laquelle les paysans sont assujétis, je devais m'adresser aux baillis pour avoir des chevaux. Lorsque le relais devait se faire attendre, ces fonctionnaires me priaient presque toujours d'entrer chez eux. Leurs maisons, qui ont toutes une distribution à peu près semblable, sont tenues avec soin. Les murailles de l'intérieur sont crépies en blanc. Dans une pièce servant de chambre d'honneur et de salon, on trouve, outre deux lits, une table couverte d'un tapis de mousseline ou d'indienne garni d'une frange, des chaises à siéges en planches, un canapé en tapisserie, un miroir fixé à la muraille dans une position inclinée et quelques mauvaises gravures enluminées. On est présenté aux femmes de la famille, qui s'empressent d'apporter des rafraîchissemens et témoignent leur affabilité par tous les moyens possibles. Quoique je ne pusse les comprendre que par leurs gestes, ou par la traduction de leur conversation que me faisait mon interprète, j'éprouvais beaucoup de plaisir à entendre les sons si doux, l'accentuation si harmonieuse de la langue hongroise qu'elles parlent de préférence à la langue allemande.

Pour l'habitation, le costume, le genre de politesse, la manière d'être enfin, cette classe me rappelait celle qui lui est analogue en France et surtout les propriétaires de nos provinces méridionales qui vivent à la campagne du produit d'une fortune médiocre.

La maison du bailli est presque toujours indiquée par des stocks destinés à retenir les prévenus qui attendent la justice ou, ce qui pourrait ne pas être synonyme, les arrêts du magistrat. Dans la cour on voit un banc de cinq pieds de long, dont les extrémités sont garnies de bracelets de fer et le milieu d'une chaîne. Celui que je vis

chez le bailli d'Almas était porté sur quatre roues et semblait être nouvellement fait. Je lui en demandai la destination. « C'est, me dit-il, le banc
» qui sert à attacher les coquins auxquels je fais
» administrer la schlague.

» Mets-toi là, dit-il à un paysan. » Le paysan s'étale à plat ventre sur le banc. On lui passe les mains et les jambes dans les bracelets. La chaîne lui comprime les reins de manière à donner plus de saillie à la partie de son individu qui devait recevoir la correction, et la démonstration commence. « Ces bancs, continua le bailli, étaient
» ordinairement fixés. J'ai imaginé de placer ce-
» lui-ci sur des roues, afin de diviser le spectacle
» de la correction entre tous les quartiers du vil-
» lage. Les habitans m'en savent beaucoup de gré.
» Dans le fait il n'est pas juste que, parce que je
» demeure à un bout de la paroisse, les habitans
» de l'autre extrémité soient privés d'un genre de
» distraction qui amuse tout le monde, ou d'un
» exemple de sévérité qui peut profiter à beau-
» coup. Lors donc qu'un coquin doit recevoir
» cent coups de bâton, je le fais bien arranger
» sur ce banc, comme vous voyez cet homme.
» (Le paysan conservait sa position.) On le pro-
» mène par tout le village et on lui fait subir la
» peine en autant de reprises qu'il y a de quar-
» tiers. Vous voyez comme c'est commode. —

» Pour vous peut-être et pour les amateurs de
» spectacle ; mais pour le patient ?—Cela revient
» au même pour lui : il ne reçoit pas un coup de
» plus. Hélas! ajouta-t-il, après un soupir pé-
» niblement arraché du fond de sa poitrine, bien-
» tôt ce banc sera inutile. On veut rendre toute
» subordination impossible, on veut rompre le
» lien qui tient la société réunie. On va suppri-
» mer la schlague, aussi on verra comment tout
» marchera. Mais je me flatte qu'on ne tardera pas
» à la rétablir ; car on ne peut s'en passer, et dans
» cet espoir je conserverai mon banc. Sa vue suf-
» fira pour contenir et faire trembler mes pay-
» sans. C'est que voyez-vous la bastonnade a cela
» de bon, que le souvenir s'en conserve assez
» long-temps pour amener et mûrir la réflexion.
» Après l'avoir reçue, pourvu toutefois qu'elle
» ait été appliquée avec conscience, on est quinze
» jours couché sur le ventre et quinze autres jours
» debout. Cela donne le temps de faire un retour
» sur soi-même. »

Le bailli ouvrit les cadenas des bracelets ; le paysan se releva, et moi je pris congé du fonctionnaire, en lui souhaitant avec plus de politesse que de sincérité le maintien du benin moyen d'administration et de police, dont il tirait si bien parti pour l'amélioration et l'amusement de ses administrés.

En général, la classe du paysan est misérable en apparence et en réalité. Elle présente cependant de nombreuses exceptions; mais il serait impossible de les distinguer au costume et aux habitudes des individus qui en sont l'objet. C'est le même dénûment, la même saleté, la même bassesse pour obtenir quelques kreutzers au delà du prix convenu, chez le propriétaire de quatre bons chevaux qu'il conduit lui-même, que chez les misérables qui fouettent les haridelles de leur voisin. Comme eux, il va nu-tête, nu-pieds, à peine couvert d'une demi-chemise et d'un pantalon en lambeaux.

La classe des paysans peut participer et elle participe en effet à la possession du sol, au moyen d'une sorte d'inféodation faite sous la condition de la remise du dixième des produits et d'une quantité déterminée de prestations en journées de travail.

La propriété fait chaque jour des progrès dans la classe des paysans; mais, jusque à présent, elle n'a que faiblement influé sur leurs mœurs et leurs habitudes; et dans ses mœurs, dans ses habitudes, dans ses sentimens, dans son éducation, il est difficile de distinguer le paysan qui possède de celui qui ne possède pas.

Le régime diététique des paysans hongrois est fort simple. Les lacs et les rivières ne fournissant pas assez de poisson pour qu'il puisse entrer dans la consommation des classes pauvres, on y supplée par des grenouilles, ressource que l'extrême sécheresse qui désolait la contrée lorsque je la visitais avait fait entièrement manquer. Les légumes étant peu cultivés, la pomme de terre étant dédaignée [1], la viande, le lait, forment avec le maïs, le seigle et le blé convertis en pain, mais principalement en pâtes et en bouillies, la base de la nourriture; le veau, le mouton, le porc surtout, figurent sur la plupart des tables. Le lait, tel qu'il sort de la mamelle des vaches, est le seul ingrédient employé dans la cuisine des pauvres, qui le mêlent dans la préparation des farines dont ils se nourrissent. Le beurre que l'on pourrait obtenir si facilement est un objet de luxe réservé pour la cuisine du riche.

L'abondance et le bas prix du vin en étendent la consommation à toutes les classes qui n'atteignent pas le dernier degré de la misère.

Il n'en est pas de même du bois; son extrême rareté en interdit l'usage aux classes qui ne jouissent pas d'une grande aisance. On le remplace pour le chauffage par un mélange de fumier de

---

[1] « La pomme de terre, disent les paysans hongrois, ne convient qu'aux cochons et aux Allemands; » on peut juger par ce proverbe qu'ils n'aiment ni la pomme de terre ni les Allemands

vache, de terre glaise et de paille pétris ensemble, auquel on donne la forme de briques. La dessiccation à laquelle on soumet cette préparation ne la dégage pas tellement de son odeur que l'usage n'en soit fort désagréable.

On supplée par la force des chevaux à celle de l'eau et du vent, comme moteur des moulins à blé. On ne s'est pas encore avisé de construire des moulins à vent que favoriserait cependant l'horizontalité des plaines.

Les maisons, en petit nombre, situées au milieu des plaines, élèvent leurs murailles blanches et leurs toits de roseaux sans un seul arbre sous lequel leurs habitans puissent venir chercher de l'ombre, sans autre abri contre l'impétuosité des vents que les meules de paille destinées à la nourriture des bestiaux et au chauffage.

La contrée est dépourvue de pierres. Les constructions les plus soignées se font en briques mal cuites à un feu de paille. On emploie pour les autres des briques séchées au soleil, du pisée, ou de la terre mouillée et mêlée avec de la paille.

XXXIV

La Hongrie et les Landes de France.

En parcourant la Hongrie, j'ai été frappé de l'influence que la nature exerce sur les mœurs et les coutumes des peuples, par la comparaison des habitudes de la population que je voyais avec celle de la population des Landes. Sur les bords du Danube et de la Teisse, comme sur ceux de la Leyre et de l'Adour, une complète similitude existe dans la conformation du sol. Dans les deux contrées, c'est une terre sablonneuse, couverte d'eau pendant l'hiver, desséchée pendant l'été, et dont la rare population est agglomérée dans des villages séparés par de grands intervalles.

Ces rapports dans les localités en ont produit d'autres dans le genre d'existence. C'est la même manière de se loger, de se vêtir, de se nourrir.

C'est la même disposition à des préjugés absurdes, le même asservissement à une routine invariable, la même indifférence pour les aisances de la vie, presque pour la vie même. Dans l'un et l'autre pays, la population se divise en une classe riche et bien élevée, et une classe également dénuée de fortune et d'éducation ; dans la première de ces classes, une sorte de luxe sauvage, un besoin de consommer, de dissiper même ce dont on ne saurait tirer un parti utile; dans l'autre, un dénument absolu et, à défaut d'industrie pour en diminuer les effets, une passive résignation à ses rigueurs.

Que si de ces généralités on passe à des rapprochemens de détail, on verra que l'influence des besoins a été la même que celle du sol. Si quelque différence se fait remarquer dans la forme des habitations, elle provient de celle des matériaux dont on pouvait disposer pour leur construction. A cela près, les maisons réunies en villages sont distribuées dans le même ordre et produisent un aspect pareil. Les vêtemens paraissent taillés sur le même patron. Dans les deux pays, de longs cheveux accompagnent des figures blêmes et amaigries; des pelisses de peaux de mouton garantissent du froid et de la pluie, en hiver. A l'aide d'une chemise et d'un pantalon de toile, on compose avec une chaleur accablante. Il n'est pas jusqu'aux chevaux qui, par le contraste de leurs formes grêles avec leur vigueur, semblent appartenir à la même race.

Le genre de nourriture n'a pas moins de ressemblance. Des farines, des pâtes, de la chair de porc, voilà ce que consomme le peuple ; et cette hygiène malsaine se réunit à l'état saumâtre des eaux et à la qualité délétère d'un air vicié par les émanations des marais pour entretenir des maladies endémiques et leur donner souvent un caractère fatal. Enfin la mort se hâte avec un égal empressement dans les deux contrées, et elle y réduit la moyenne de l'existence à une proportion également faible ; et cependant une distance de six ou sept cents lieues les sépare ! et des lois différentes les régissent ! et aucun rapport n'existe dans l'origine des deux populations !

XXXV

Entrée en Hongrie.

—

Après avoir traversé de nouveau la Drau sur un bac encombré de voitures au milieu desquelles la mienne avait eu peine à trouver place, je me trouvai sur le territoire hongrois. Je parcourus huit lieues d'un sol sablonneux dans lequel les roues enfonçaient jusqu'aux moyeux. Grace à deux fossés parallèles séparés par un intervalle de trois cents pieds, on appelait cela une grande route. A la moitié de cette distance, je traversai un village dans lequel était une station de poste. En vain on cherche dans une immensité toute rase un objet sur lequel la vue puisse s'arrêter, on n'aperçoit que des champs chargés de récoltes, et d'autres, en égale étendue, attendant que leur tour d'en porter arrive.

Quelques portions de cette plaine sont occupées par des forêts destinées à abriter les bestiaux qui les dévastent plus qu'à fournir des bois auxquels on ne saurait trouver d'emploi, quoiqu'il s'en présentât un bien avantageux dans la création de fermes au moyen desquelles on opérerait la décentralisation de la culture. L'avoine et le blé sont les seules céréales cultivées. Toutes les plantes qui servent ailleurs à varier les assolemens, la pomme de terre même, sont inconnues; on ne s'est pas encore avisé de créer des prairies artificielles. Le trèfle seul est cultivé dans quelques champs, mais par petits espaces; et des troupeaux dans lesquels on compte par milliers les vaches, les bœufs, les chevaux, les porcs et les moutons, ne sont nourris qu'avec de la paille de froment. Leur produit, celui des vaches surtout, se ressentent de ce régime. Le peu de lait que les élèves ne consomment pas en tétant leurs mères suffit à peine aux besoins des paysans. On n'essaie même pas de le convertir en beurre ou en fromage.

Les fumiers provenant d'un si grand nombre d'animaux sont à peu près perdus pour la terre. Les champs sont en général à une telle distance des fermes que le transport des engrais est presque impossible. On ne connaît pas l'usage du parcage et le sol ne reçoit d'autres engrais que ceux qu'y déposent les bestiaux dans les promenades qu'on leur fait faire.

La grande distance que les ouvriers ont à parcourir pour se rendre sur les lieux où ils doivent être employés oblige à recourir à des chars pour les y transporter. La course toujours très accélérée de ces chars, l'air à moitié sauvage des hommes qui les remplissent, l'étrangeté des chevaux et de leur harnachement, donnent une physionomie toute particulière à la plaine qui, la nuit, prend l'aspect d'un bivouac, lorsqu'elle est éclairée par les feux que les ouvriers, dont la plupart attendent dans les champs le retour du travail, entretiennent pour préparer leurs repas et se préserver du froid.

La propriété étant exclusivement entre les mains des seigneurs, l'éducation des chevaux est devenue pour eux un monopole indispensable. Il est tel haras qui fournit à une vente annuelle de trois à quatre cents chevaux, ce qui suppose une réunion de près de deux mille animaux.

J'ai visité plusieurs haras, et j'ai été obligé de faire revenir fort en arrière l'opinion que je m'étais faite de ce genre d'établissement, afin de la rapprocher de la réalité. Dans quelques uns, j'ai vu des chevaux de prix en petit nombre et beaucoup d'autres de peu de valeur. Quant aux jumens, c'est un assemblage de bêtes de tous les pays, de toutes les races, auxquelles on donne un étalon, comme elles le reçoivent, sans le regarder. Dans ces croisemens, le hasard se montre quelque fois favorable, mais plus souvent contraire. Fort peu des élèves que j'ai vus indiquaient une race en progrès. On devrait au moins soigner dans chaque établissement les croisemens d'une trentaine de jumens de sang, dont les produits serviraient à continuer et accroître l'amélioration.

Les jumens destinées à la gestation ne sont pas l'objet de soins spéciaux. Elles participent à tous les travaux, ne reçoivent pas une nourriture exceptionnelle, et sont, comme les autres animaux, soumises au régime de la paille, à laquelle on n'ajoute jamais ni foin ni avoine.

Tout en recueillant les observations que je viens de consigner, j'avais atteint un village dans lequel je me proposais de faire connaissance avec les auberges tant décriées de la Hongrie. Il est peu de hameaux qui n'aient un de ces établissemens; mais il n'en est aucun qui en ait un passable. La raison s'en trouve dans le petit nombre de gens qui les fréquentent, en raison de la facilité qu'ont les voyageurs d'un ordre un peu élevé de trouver l'hospitalité dans les maisons des seigneurs ou de leurs baillis.

Les classes inférieures ne font guère usage des auberges. Les voyageurs qui leur appartiennent bivouaquent lorsqu'ils ne trouvent pas quelque coin de grange, d'étable ou de hangar qui leur offre un abri pour la nuit. Les marchands, les paysans même, ne voyagent guère qu'en voiture. Ils portent avec eux, outre la nourriture de leurs chevaux et leurs provisions, des pelisses et des couvertures dans lesquelles ils s'enveloppent pour dormir ; ils font ainsi l'économie des frais d'auberge.

L'auberge dans laquelle je me proposais de dîner méritait au plus le nom de cabaret. Là, comme dans toutes les occasions semblables, mon domestique, fort bon cuisinier, se disposait à me préparer mon repas. Il avait jeté son dévolu sur un poulet après lequel tous les enfans de la maison couraient, et qu'à la légèreté de son vol et la vitesse de ses allures je devais croire peu chargé d'embonpoint, lorsque l'on m'apporta une invitation écrite en très bon français d'aller dîner au château du village. Je n'eus garde de refuser. La poursuite du poulet cessa ; le calme se rétablit dans la basse-cour, et je me dirigeai vers le château. Chemin faisant, une espèce d'intendant, qui avait été porteur du billet et qui parlait passablement le français, m'apprit que l'ordre de me fournir les chevaux qui me seraient nécessaires mentionnant mon nom et mon ancien titre, la dame du château à qui cet ordre avait été communiqué avait eu la charitable pensée de substituer son dîner à celui après lequel on s'essoufflait pour moi dans la cour de l'auberge. Il ajouta que cette dame n'était pas mariée et qu'elle avait une grande fortune.

Le prétendu château n'était qu'une vaste maison basse, avec une galerie supportée par des pilastres, sur laquelle ouvraient une douzaine de portes. Je fus introduit dans un salon simplement meublé, où je trouvai deux dames et un ecclésiastique. Après un assez long échange de complimens, vinrent les questions sur le sujet de mon voyage, et des renseignemens sur la famille de mon obligeante hôtesse. La tenue de la maison et le nombre de ses domestiques auraient suffi pour m'apprendre qu'elle appartenait à une classe très élevée; comme sa conversation et ses manières, qu'elle avait beaucoup d'esprit et d'usage du monde. L'entretien ne tarda à prendre et à conserver un caractère fort gai. Lorsque je voulus prendre congé, on me dit qu'il était trop tard pour s'aventurer dans de mauvais chemins; on ajouta que l'on attendait des voisins dont le château n'était qu'à une douzaine de lieues; que l'on ferait de la musique et que l'on s'arrangerait de façon à me faire passer la soirée de la manière la moins désagréable possible. On paraissait sincère dans les instances employées pour me retenir ; rien ne m'engageait à presser mon départ. Je ne prolongeai pas la résistance au delà de ce qu'exigeaient les formes de la société. Deux dames et leurs maris arrivèrent. On fit de la musique; ma mémoire me fournit quelques actes de nos bonnes comédies que je récitai : on causa, on rit, et avant de se séparer on me fit contracter l'engagement de passer dans le château la journée du lendemain. Je me serais cru au milieu de vieilles connaissances, si j'avais su les noms de ces amis que je venais d'improviser. La seconde journée se passa comme la première; et ce ne fut qu'après une halte de trente-six heures dans cette demeure hospitalière qu'il me fut permis de continuer ma route.

Je voyageai toute la journée, faute d'objets qui pussent m'engager à suspendre ma course et d'obligeantes châtelaines qui renouvelassent l'accueil que j'avais trouvé dans le château de Babocza. La Hongrie n'ayant ni monumens, ni détails, peut être jugée en parcourant ses grandes routes. Une plaine ressemble à une autre ; la partie que l'on voit de loin est aussi dégradée que celle que l'on traverse ; un village n'est pas plus riche qu'un autre ; l'agriculture est la même partout, et nulle part elle n'offre rien dont l'observateur puisse faire son profit ; ses mœurs, sa civilisation, sont les mêmes partout. On peut donc visiter en courant cette contrée, à moins que l'on ne puisse pénétrer dans les habitations de la classe élevée et étudier ce que ses mœurs et ses coutumes ont conservé d'une originalité qui va chaque jour se perdant.

L'accès de ces habitations est chose facile. On peut, sans manquer aux usages et sans s'exposer à un accueil désobligeant, y demander l'hospitalité. On trouve dans toutes des manières distinguées, un empressement qui n'a rien d'affecté, de l'instruction, un grand usage du monde.

En retour de la complaisance que l'on met à ne rien blâmer et à placer de l'éloge lorsque l'occasion de le faire se présente, on est comblé de prévenances, au point que l'on semble obliger les hôtes qui vous reçoivent. A peu de différences près, les habitudes appartenant aux hautes classes de la société sont les mêmes par toute l'Europe. On s'aborde, on se salue, on entame la conversation, on se quitte, à Pétersbourg et à Naples, comme à Vienne et à Paris. Londres seule présente quelque divergence. Les costumes sont à peu près les mêmes. Ce n'est guère que dans les habitudes de la table que l'on n'a pu encore s'accorder complètement. C'est aussi sur ces habitudes que les susceptibilités nationales se montrent le plus intraitables. J'avais trop présent le souvenir du déchaînement qu'avaient excité contre moi quelques remarques hasardées avec tous les ménagemens convenables sur la cuisine anglaise, pour ne pas me tenir en garde contre tout ce qui pourrait produire un effet semblable en Hongrie. Aussi n'ai-je exprimé aucune surprise à la vue d'une table sur laquelle je ne remarquais que des pâtisseries, des confitures, des fleurs et des fruits, au lieu des plats plus substantiels qui partout composent les premiers services d'un dîner. J'ai trouvé tout simple que l'on servît une soupe au café au lieu d'un potage au gras; un gigot mollement étendu sur une purée de pommes sucrées, au lieu de flotter dans un jus succulent; des épis de maïs remplaçant les pommes de terre. Au risque d'éprouver des nausées, je recevais le cigare allumé par une jolie dame qui me le présentait, et je le fumais pendant le dessert comme si j'y avais trouvé du plaisir. J'acceptais, en compensation de la contrariété que cette complaisance me faisait éprouver, le gré que l'on m'en savait, et l'espèce de naturalisation qu'elle me valait dans un pays où l'on cessait de me traiter en étranger, parce que j'en adoptais les coutumes.

Un des usages les plus généralement répandus est celui de baiser la main des personnes dont on reconnaît la supériorité. Les enfans n'y manquent jamais à l'égard de leurs parens. Les femmes, même des classes élevées, accordent cette marque de déférence aux femmes plus âgées qu'elles, ou à qui elles portent du respect; marque de déférence que celles-ci déclinent en retirant leurs mains et présentant la joue.

Après le dîner, les convives vont tour à tour saluer le maître de la maison, qui, s'il y a un personnage à qui il veut faire honneur, ne reçoit ce genre de politesse qu'après avoir lui-même salué et fait saluer son hôte par les autres convives.

XXXVI

Funf-Kirchen. Baïa. Theresianopole.

—

J'arrivai à Funf-Kirchen après une course non interrompue de trente lieues, à travers une plaine à laquelle l'imagination était forcée de créer des limites qu'aucun objet n'indique, et un horizon qui lui manque. Cette ville est gracieusement située sur l'inclinaison que forme l'affaissement de cet interminable plateau que je venais de traverser. Des inscriptions et plusieurs fragmens de tombeaux romains prouvent l'ancienneté de cette ville, qui se recommande par quelques édifices modernes d'un bon goût, et surtout par une cathédrale de style semi-gothique et remarquable par son développement et sa régularité.

Pour me rendre de Funf-Kirchen à Temeswar, je me dirigeai par Baïa. Je préférai cette route plus courte, mais indiquée seulement par des fossés parallèles et dépourvue de relais de postes, à celle que l'on suit ordinairement, parce qu'elle me plaçait immédiatement dans la partie de la Hongrie la plus caractérisée par son aspect et les mœurs de ses habitans. Ces considérations me parurent compenser avec avantage quelques détestables gîtes, quelques impatiences causées par le mauvais état des chemins et la maladresse des postillons; et je n'hésitai pas à braver les inconvéniens dont on me menaçait.

Je dus commencer à faire usage des chevaux de *Forch-Pan*. C'est le nom que l'on donne à des relais desservis par les paysans des villages que l'on traverse. Cette manière de voyager ne peut avoir lieu qu'en vertu d'un ordre délivré par le gouverneur civil ou le commandant militaire de la province. Sur sa présentation, les baillis font réquérir les chevaux et les postillons désignés, et qui doivent être toujours prêts à partir. Mais quels chevaux ! quels postillons ! Les premiers, d'une espèce petite et chétive, paraissent plus chétifs et plus petits encore, en raison de leur excessive maigreur et de la négligence de leur toilette. Les autres sont des paysans qui n'ont de vêtemens que ce qu'il en faut pour empester une atmosphère qui voyage avec eux.

Les harnais sont en rapport avec le costume des postillons et la valeur des chevaux. Ils se composent de deux cordes passées dans les extrémités d'une sangle servant de poitrail, qu'une ficelle soutient à la hauteur des épaules du cheval. La longe du licou tient lieu de chaînette et de reculement. De mauvaises cordes, qui des mains du cocher se prolongent jusqu'à la bouche des chevaux, remplacent les rênes. Les chevaux de volée sont dirigés par un postillon monté à cru sur un cheval, dont l'échine tranchante semble devoir pourfendre de bas en haut le malheureux cavalier.

Il y a dans un tel équipage toutes les conditions qui devraient empêcher d'arriver et multiplier les accidens. Cependant on arrive presque toujours, et les accidens sont rares. La raison ? je ne saurais la trouver; mais je suis une preuve entre mille que l'on ne reste pas sur la route et que l'on ne se casse ni bras ni jambes, en dépit de la faiblesse des chevaux et de l'inexpérience des postillons. A la vérité je n'ai parcouru la Hongrie que dans une saison où la terre durcie et les ornières à peu près comblées mettent à une épreuve peu difficile la force des coursiers et l'adresse de leurs conducteurs. Je doute qu'il soit prudent de voyager pendant l'hiver, et alors que ces plaines sont converties en un vaste marais.

Le prix de ce genre de poste équivaut à un franc soixante-cinq centimes par poste de France, pour quatre chevaux. Dans cette somme est compris le salaire des deux postillons. Ordinairement le bailli se fait donner le prix de la course, qu'il retient comme un à-compte sur les sommes que les paysans doivent au seigneur.

Les relais sont presque toujours de quatre postes de France. Les chevaux les parcourent au galop et sans s'arrêter. Il m'est arrivé souvent de doubler les relais, sans que la rapidité de la course fût ralentie.

Avec les *Forch-Pan* on va vite et on arrive lentement, parce que la vitesse de la course est compensée par le temps que l'on perd aux relais, où souvent on attend les chevaux des heures entières.

A quelques lieues de *Funf-Kirchen*, je traversai la plaine de Mohacs, rendue célèbre par la victoire que le prince Eugène y remporta sur les Turcs. Arrivé à Szekeso, gros bourg peu éloigné du Danube, je ne trouvai pas de chevaux. J'étais menacé de passer le reste de la journée dans une détestable auberge, lorsque l'intendant du seigneur, informé de ma mésaventure par le bavardage de mon interprète, vint fort obligeamment m'offrir ses chevaux. Un quart d'heure après, ma voiture était attelée de quatre fort jolis chevaux, qui, sans ralentir leur allure, me firent monter et descendre des coteaux rapides, et ne s'arrêtèrent qu'à l'endroit où je devais traverser le Danube. Le cocher qui les conduisait était un jeune homme bien tourné, à moustaches et à longs cheveux noirs, coiffé d'un bonnet de peau de mouton, et portant le costume du pays, sans autre différence que la propreté recherchée qui le distinguait. Je m'informai du prix de l'attelage qu'il conduisait. Il me répondit que son maître s'estimerait heureux s'il en trouvait cinq cents florins (douze cents francs). On voit que l'on peut monter à peu de frais son écurie en Hongrie.

Parvenu sur le bord du fleuve, il me fallut attendre une heure quatre mauvais chevaux que l'on amena tous couverts de la boue d'un marais au fond duquel ils paissaient, et le bac qui stationnait sur la rive opposée.

La voiture débarquée, deux hommes, auxquels je ne saurais donner les noms de cocher et de postillon, sautèrent l'un, sur le siége, l'autre sur un des chevaux de volée, et se mirent à haranguer leurs coursiers. Leurs voix s'animaient, devenaient ardentes, presque frénétiques. Les jambes des chevaux prenaient de l'accélération ; il se faisait un effrayant crescendo de cris et de rapidité, et la voiture était emportée avec une vitesse que je n'aurais pas attendue des chétifs animaux qui la traînaient. C'était à quelques pieds du fleuve, sur une berge coupée à pic et qui pouvait s'abîmer sous mon poids, qu'avait lieu cette course inquiétante. Mes cris, mes imprécations, quelque chose de plus énergique encore, rien n'y faisait. La caisse de la voiture cahotée dans tous les sens, tantôt bondissant en donnant contre une racine d'arbre qui traversait la route, tantôt violemment balancée par les inégalités des ornières, heurtait contre les ressorts et les roues ; et moi, participant à ses brusques oscillations, cahoté de droite à gauche à l'instant où je venais d'être secoué du bas en haut, je maudissais les chemins et les cochers qui en faisaient un champ de course, les chevaux qui retrouvaient, pour courir à toutes jambes au milieu de sables dans lesquels ils enfonçaient jusqu'aux jarrets, une vigueur qu'ils n'auraient sans doute pas eue pour aller un train modéré sur un bon chemin, et moi qui avais eu la fantaisie de m'exposer à tous ces inconvéniens pour satisfaire quelques jours plus tôt ma curiosité.

La rapidité de mes coursiers ne se ralentissait pas en entrant dans Baïa. J'en redoutais peu les suites pour les gens qui circulaient dans les rues de cette ville, lesquelles, tirées au cordeau et bordées d'un espace en forme de trottoir séparé de la route par une double rangée d'acacias, n'ont pas moins de deux cents pieds de largeur et d'une demi-lieue de longueur. J'avais déjà parcouru deux de ces rues, lorsqu'au détour d'une troisième les chevaux de devant effrayés par je ne sais quoi se jetèrent de côté et brisèrent le timon de ma voiture. Il me fallut stationner le reste de la journée à Baïa et passer en revue sa population de seize mille habitans, mélange de catholiques, de luthériens, de grecs, de calvinistes, de juifs, d'anabaptistes, ayant chacun leurs temples, leurs cimetières, leurs ministres et une réciproque indulgence. Lorsque je réglai mes comptes avec l'aubergiste, le forgeron, le charron et le sellier, je reconnus que les juifs dominaient dans la macédoine de nations que réunissait ce coin de la Hongrie.

L'auberge de Baïa fut le type de toutes celles qui m'attendaient sur ma route. Les chambres de ces établissemens n'ont pour meubles qu'une mauvaise table, quelques chaises et plusieurs lits sans rideaux, dont les proportions semblent calculées sur celles de la couche de Procuste. Un matelas de plumes, auquel on serait heureux de pouvoir substituer de la paille fraîche, les recouvre. Le drap de dessus, cousu à la couverture, n'est renouvelé que lorsqu'il a servi à un grand nombre d'hôtes. Celui de dessous, aussi rarement changé, n'a ni la longueur ni la largeur du lit.

Un passeport et de l'argent sont choses indispensables pour voyager dans tous les pays du monde. En Hongrie, il est bon d'y joindre de l'importance ou quelque titre qui en tienne lieu. On est mal venu si l'on n'en fait pas étalage à l'égard de gens accoutumés à n'avoir aucune considération pour tout ce qui n'est pas porteur d'une qualification ou d'un ordre du gouvernement pour se procurer des chevaux.

Les gens du peuple sont les seuls qui voyagent à pied. Un morceau de pain que souvent même ils apportent avec eux, et qu'ils mangent au premier endroit venu en l'humectant d'un peu de mauvais vin, un coin dans une étable ou sous un hangar où ils puissent s'étendre enveloppés dans leur pelisse de peau de mouton, voilà tout ce que l'on est accoutumé à offrir à ces hôtes peu exigeans. On se croit autorisé à agir de même à l'égard de l'étranger qui arrive avec un mince bagage. C'est tout au plus si l'argent qu'il ferait voir apporterait quelque changement dans l'accueil qui lui serait fait. La vue d'une voiture, fût-ce un chariot garni de paille, mode de voyager que dans bien des occasions ne dédaignent pas des personnages de haut rang, suffit pour modifier ces dispositions.

Ma voiture réparée, je continuai mon voyage. Six chevaux, dont le plus grand n'avait pas quatre pieds, la traînaient par un chemin plus sablonneux encore que celui de la veille. Je n'avais pas à craindre de leur part un excès de vélocité. Je pus, sans être distrait par l'inquiétude, procéder à l'examen de mon équipage. Les harnais ne différaient en rien de ceux de la veille. Mais les deux chevaux de supplément étaient attelés à une longue perche transversale fixée au timon, de manière à tirer de front. Le cocher paraissait âgé de quinze ans. Le postillon en avait au plus douze. L'un et l'autre avaient pour tout vêtement une chemise et un caleçon en toile, entre lesquels se montrait une zone de chair de plusieurs pouces de hauteur, dont la couleur bronzée tranchait avec celle plus blanche que mettaient fréquemment à découvert les mouvemens des pauvres enfans. Pour des chapeaux et des souliers, ou quelque chose qui en tînt lieu, il n'en était pas question. On ne saurait être plus économiquement vêtu.

Je voyageais à travers un désert dont la similitude avec les landes de la Guyenne eût été complète, si au lieu d'une herbe rare et chétive le sol eût présenté un tapis de bruyères. Vues de loin, de maigres plantations de peupliers produisaient l'effet des pignados. Mon imagination suppléait à ce qui manquait à la ressemblance. Elle va loin et vite lorsqu'elle poursuit des souvenirs de la patrie !

Quelques lieues plus loin, la route se trouva bordée de cultures de maïs et d'avoine. Je voyageai pendant plus d'une heure avant d'atteindre les fermes desquelles elles dépendent.

On a essayé sans beaucoup de succès la plantation du peuplier commun et du chêne tauzin sur les sables de ces steppes. L'acacia y réussirait beaucoup mieux, et il me paraît destiné à défrayer ces contrées de la végétation des grands arbres. Je me persuade que les semis de pins de Bordeaux ou de Riga réussiraient et feraient disparaître l'aspect attristant de ces déserts. Qu'à la vigne déjà cultivée en grand dans quelques unes de leurs parties on joigne la plantation du mûrier, dont on trouve partout des sujets d'une belle croissance, et voilà l'industrie concourant avec l'agriculture à la solution de l'important problème de l'utilisation de cette contrée, et de l'amélioration et l'accroissement de sa population.

L'eau, qui en couvre d'immenses espaces pendant l'hiver, ne se trouve en été que dans des puits qui ne tarissent jamais. Cette eau est désagréable au goût et malsaine.

Le progrès pourrait recevoir une impulsion immédiate et rapide de l'établissement sur les terres qu'ils cultivent de cette multitude d'ouvriers actuellement entassés dans des villages, et de la création d'une classe de petits fermiers, indispensable à l'agriculture de tous les pays, et qui manque absolument à celle de la Hongrie.

Thérésianopole, que j'atteignis après une marche de vingt lieues, m'apparut avec le cachet de dépopulation et d'immensité de la contrée dont elle est la capitale. Elle a tous les caractères qui distinguent les villes hongroises. Ses rues sont démesurément larges et longues. A leur extrémité, la vue que rien n'arrête s'égare dans le vague. On respire je ne sais quel air de désert dans ces places où camperaient des armées entières; dans ces rues sans pavés où se montrent de rares habitans, marchant à la suite les uns des autres sur des planches posées, mais non fixées sur des poutres, afin d'éviter une boue liquide et profonde; entre ces maisons basses séparées entre elles par de vastes espaces ; dans ces églises consacrées aux différens cultes entre lesquels se partage une insuffisante population, et qui dominent ces amas d'habitations que l'on ne décore du nom de villes qu'en raison du nombre de leurs habitans. Placée au milieu d'une contrée cultivée et bien peuplée, Thérésianopole passerait pour une ville incommode ; ce serait un contre-sens. Capitale d'un désert, elle est ce qu'elle doit être. Le bon goût non moins que la raison avouent cette conception de la grande reine qui lui donna son nom.

Aux environs de cette ville, la terre est toute en culture. Les ouvriers qu'elle emploie habitent dans les champs des maisons dont l'étendue est calculée sur les habitudes restreintes du pays, plus que sur ce qui semblerait devoir être d'une indispensable convenance. Chaque maison n'a qu'une pièce que se partagent trois et quatre ménages vivant séparément dans une chambre commune, préparant au même foyer des repas qui doivent être pris isolément. Nos imaginations civilisées seraient fort embarrassées s'il leur fallait mettre de la décence, de l'ordre seulement, de la paix dans un si bizarre arrangement.

Les propriétaires et les grands fermiers vivent à Thérésianopole; et afin de mieux surveiller une des branches les plus importantes de leur exploitation, ils entretiennent leurs nombreux troupeaux dans des étables qui forment la cour de leurs habitations. On conçoit ce qu'un tel système doit entraîner de dépenses et d'inconvéniens, et ce qu'il a d'irrationnel, on pourrait dire de sauvage. Il est d'ailleurs répandu dans toute la Hongrie ; et, le matin et le soir, les rues et les abords des villes sont encombrés de vaches, de bœufs, de moutons, de cochons, qui par milliers vont parcourir des steppes où ils ne trouvent qu'une nourriture insuffisante.

A quelques lieues de Thérésianopole, la culture cesse de nouveau; les habitations disparaissent avec elle, et deux ou trois tumuli, quelques pièces de bois qui basculent au dessus des puits destinés à fournir de l'eau aux bestiaux, sont les seuls objets qui frappent la vue. Desséchées pendant l'été, ces plaines ne forment qu'un immense marais pendant l'hiver. Lorsque je les traversais, la sécheresse en avait éloigné les troupeaux, et l'on n'y voyait d'autres êtres vivans que des milliers de sarigues que le bruit de ma voiture faisait fuir vers les trous qui leur servent d'asile.

Aux approches de la nuit, les environs des puits présentent des scènes fort piquantes. C'est là que se réunissent les voituriers qui n'ont pu atteindre les villages. Ils dételent leurs chevaux, leur distribuent le foin dont ils se sont pourvus, s'établissent à quelque distance pour faire leur frugal repas, et vont ensuite attendre sur leurs voitures un sommeil auquel la fatigue de la journée les a préparés. Ce genre de scène reçoit un aspect tout spécial de la forme des chariots, de la tournure chétive des chevaux, du costume bizarre des conducteurs. On se demande si l'on est en Europe et dans un pays civilisé.

Dans les rares villages perdus au milieu de ces tristes plaines, sous ce costume si dépourvu de tout ce qui peut contribuer à faire ressortir les avantages personnels, existe une des plus belles races de la famille européenne. Proportions régulières dans les traits et les formes, hardiesse dans le regard, fierté et en même temps aisance dans la démarche, tout est réuni : tout cela se fait remarquer. Et telle est la force des impressions du jeune âge, que le temps, l'absence, un long usage d'habitudes toutes différentes, ne peuvent établir de prescriptions contre les premières. Dans mes fréquentes stations, j'adressais des questions à tout ce qui m'entourait et sur tous les sujets qui se présentaient à ma pensée. — « Avez-vous été militaire ? » disais-je à un homme que je voyais aussi sale, aussi mal habillé que ses camarades. — « *Igen* (oui), » répondait-il, et mon interprète avait à me traduire le récit des campagnes de ce paysan. « Vous avez sans doute servi ? » demandais-je à un autre dont l'air fier, la tournure leste et dégagée perçaient sous le sauvage costume de ces contrées. — « *nem* » (non), répondait-il. Ainsi sur deux hommes nés avec des conditions semblables, mais entre lesquels l'éducation aurait dû établir de notables différences, la nature exerçait une si irrésistible influence, que l'un recevait de son instinct des avantages que l'éducation seule aurait semblé pouvoir donner, et que l'autre se débarrassait, comme d'un incommode fardeau, des qualités dont des circonstances étrangères à sa volonté l'avaient doté aussitôt que ces circonstances avaient cessé d'exister.

Parmi ces paysans que je m'amusais à interroger, je fis une singulière rencontre : c'était au relais qui venait après Thérésianopole. Je m'impatientais contre la lenteur des postillons à préparer leurs chevaux, et mon mécontentement empruntait à un langage peu relevé des expressions que celui de la bonne compagnie ne m'eût pas fournies aussi énergiques. « Voilà ce qui s'appelle » parler français, s'écria un paysan. — Vous le » parlez donc ? — Un peu, monsieur. — Et où » avez-vous appris le français ? — En France. — » Dans quelle province ? — Dans la Normandie, » tout près d'un bourg que l'on nomme Saint- » Saen, à la ferme de la Haie. » — Que l'on juge de ma surprise en trouvant à sept cents lieues un

pauvre diable que les hasards de la guerre avaient jeté dans mon pays et jusque sur une ferme qui m'appartenait. La guerre, une révolution, nous avaient arrachés du sol sur lequel nous étions nés, et jetés dans la patrie l'un de l'autre; et le proscrit, le soldat, se rencontraient au milieu d'un désert ! Je me nommai, il me reconnut. Il me rappela une circonstance de chasse, un lièvre que j'avais blessé, après lequel il avait couru et qu'il avait pris. Il me parla du brave fermier qui l'avait reçu et traité, me disait-il, *comme un fils.* Les chevaux étaient attelés : il prit la place de l'un des conducteurs, et, de son siége, il continua une conversation qui semblait l'intéresser vivement. Arrivé à la station suivante, je le fis dîner avec moi, et lorsque nous nous séparâmes je lui mis dans la main quelques pièces de monnaie. « Savez-vous, me dit-il, qu'avec cela j'au-
» rai de quoi acheter une vache ? — Une vache
» coûte donc bien peu dans votre pays ? —
» Vingt francs. — Je veux que vous en ayez
» deux. » Et je lui en fournis les moyens.

Le pauvre homme criait de joie, me baisait les mains, baisait l'argent que je venais de lui donner. Il paraissait presque fou. Je crains qu'en retournant chez lui il ne le soit devenu tout à fait. Ce n'est qu'en Hongrie que l'on fait des heureux à si peu de frais.

Tout cependant n'était pas bonheur dans cette contrée lorsque je la visitais. Le choléra joignait ses ravages aux causes ordinaires du malaise des habitans, et les précautions prises pour en dissimuler les progrès en favorisaient la propagation. On savait vaguement que la maladie existait dans tel endroit; mais la population n'en était pas informée de manière à interrompre ses relations avec la localité infectée. L'immense étendue des villages, la précaution que l'on prenait de ne pas présenter aux églises les individus emportés par le fléau, la spécialité des cimetières pour chaque secte religieuse, et même par chaque quartier, s'opposaient encore à ce que l'on pût apprécier l'étendue du mal. Aussi se communiquait-il avec une effrayante rapidité d'un village à l'autre, sans égard pour les longues distances qui les séparent, et dont on ne songeait pas à tirer parti pour l'isoler.

J'arrivais un matin à un village plus aggloméré que les autres, et qui n'ayant qu'un culte n'avait qu'un cimetière. Suivant l'usage de ces contrées, ce cimetière était situé à quelque distance, sans clôture, sans rien qui indiquât sa destination que des croix en bois noir surmontant çà et là les tertres des tombes. Je dépassai un convoi d'une douzaine de chariots sur chacun desquels était un cercueil peint en bleu. Deux prêtres composaient tout le deuil. Les parens des morts étaient retenus soit par la frayeur du mal, soit par les soins qu'ils donnaient à d'autres parens également atteints du fléau.

Mes postillons me dirent que *cette fournée de morts* était le produit de la nuit; que tous les jours, soir et matin à six heures, on enterrait les victimes que le choléra avait frappées dans l'intervalle de ces deux périodes, ne fussent-elles mortes ou présumées telles que quelques minutes avant l'heure déterminée pour la fatale cérémonie. Je frémis à la pensée des terribles méprises auxquelles une si déplorable précipitation pouvait donner lieu. Puis je fis un retour sur ma position, et je me reprochai cette immersion volontaire dans la contagion à laquelle je m'étais assez étourdiment exposé. Les réflexions étaient tardives ; j'avais autant de chances de rencontrer la maladie en revenant sur mes pas qu'en allant en avant : je pris ce dernier parti, et je poursuivis ma route, écartant comme un danger les terreurs qui avaient pu me rendre plus accessible aux atteintes du mal. Mon interprète fumait et buvait du matin au soir, de manière à me suffoquer et à se mettre hors d'état de réfléchir sur le danger. Mon valet de chambre prenait son parti avec une impassible indifférence. Ces dispositions ont dû beaucoup contribuer à nous préserver de la contagion.

XXXVII

Bannat de Temeswar.

La distance de trente lieues qui sépare Thérésianopole de Temeswar ne présente qu'une invariable alternative de plaines unies, de marais sans eau (à l'époque où je les traversais), de vastes villages tous semblables entre eux. Ce ne fut qu'aux approches de Temeswar que la perspective changea. La ville, cachée par ses vastes fortifications, ne se fait deviner que par ses clochers et de longues lignes de casernes. Ses environs sont ornés de forêts. Ses rues, tirées au cordeau et se coupant à angles droits, sont bordées de belles maisons. Sur ses places régulières s'élèvent deux cathédrales, l'une consacrée au culte catholique, l'autre au rite grec. En attendant un siége que les Turcs ne semblent pas disposés à faire de long-temps, on cultive des légumes dans les fossés de ses bastions, et on plante d'élégantes promenades et des pépinières sur leurs glacis. Chef-lieu du Bannat, elle l'est aussi du gouvernement militaire et civil. Sa position sur le bord d'un canal qui débouche dans la Teisse et communique avec le Danube favorise un commerce avantageux pour elle et pour la contrée qui l'environne.

L'agriculture du Bannat rend beaucoup, malgré la choquante imperfection de ses procédés. Elle ne connaît ni l'usage des grains, ni les pâturages permanens, ni la succession calculée des assolemens. Elle conserve les jachères. Le battage des grains s'opère par le piétinement des chevaux; le vannage par la projection du grain au vent. Tout se fait à force d'hommes, de chevaux et d'argent; et cependant telle est la fécondité du sol, que les capitaux qui lui sont consacrés rendent un intérêt de 6 p. 100.

Une recommandation qui m'avait été donnée pour un gentilhomme des environs de Temeswar m'a valu, avec des renseignemens précieux sur ce que je désirais le plus connaître dans la contrée, un de ces rares accueils où l'on trouve réunies l'exquise politesse des pays les plus civilisés et la chaleureuse hospitalité de ceux qui le sont le moins. Tant d'aimables prévenances étaient relevées par l'esprit cultivé du comte d'Ambrozy et par les graces de la comtesse ; et je placerai toujours au nombre des plus heureux incidens de mon voyage la connaissance que j'ai faite de ce couple dont le bonheur se communique à tout ce qui l'approche.

Je dus à l'intervention du comte d'Ambrozy le renouvellement de l'autorisation qui m'avait été donnée en Hongrie, de faire suppléer, par des chevaux de paysans, au service de la poste qui n'existe pas sur plusieurs des routes que je devais parcourir. J'ai dit plus haut combien ce mode est économique. Il n'est rien de tel qu'un abus pour courir les grands chemins à peu de frais. Je me louerais davantage encore de celui-ci, si au bon marché il joignait la célérité. Malheureusement les paysans, qui ont moins de raisons que les voyageurs pour s'en arranger, s'y prêtent de mauvaise grace et mettent une désespérante lenteur à relayer.

A Lugos, vilaine bourgade dont le choléra décimait la population, je quittai la route d'Hermanstadt pour prendre celle de Méhadia, lieu de bains célèbre sous la domination romaine, et dont on relève en ce moment la réputation et les monumens. La route parcourt une superbe vallée que déparent une population misérable et une détestable culture. La vallée se prolonge large et parfaitement unie sur une distance de dix-huit lieues. Les deux rangées de collines qui la bordent au nord et au sud se ferment à l'est par des montagnes dont les plans bien distincts et les nuances variées se combinent de la manière la plus heureuse.

Au centre de la vallée est située la petite ville de Karensbeck, chef-lieu d'un régiment de frontière. Si l'on en ôtait les casernes, les maisons destinées aux officiers et à tout ce qui appartient à l'administration, il ne resterait pas de quoi composer une chétive et pauvre bourgade. On m'y fit voir une tour de construction romaine que l'on prétend avoir été l'habitation d'Ovide. On assigne au chantre des Métamorphoses autant de lieux d'exil que de maisons à Cicéron. Rien ne constate qu'il ait été relégué là, et je veux croire qu'on ne l'avait pas si durement traité.

Les villages de cette contrée ne sont que des éparpillemens de maisons en planches mal jointes, ou de huttes en branches tressées, que l'on ne prend pas même la peine d'enduire de boue. L'air y circulant sans le moindre obstacle, on s'est dispensé d'y pratiquer des fenêtres et des cheminées ; et comme l'intérieur n'a rien à redouter de la rapacité des voleurs, on substitue aux portes des barrières construites en roseaux. Les toits sont formés d'une couche de paille contenue par des perches.

Beaucoup d'enfans sont entièrement nus ; les autres ne sont couverts que des lambeaux d'habits de leurs parens.

. Les femmes ont pour tout vêtement une longue chemise à manches bariolées, serrée autour des reins par la ceinture d'une double pagne, et dont la partie supérieure sert de poches. De dessous un morceau de toile blanche, posé en forme de bandeau, s'échappent en désordre des cheveux noirs qui flottent sur les épaules. Les jambes et les pieds sont nus.

Les hommes portent un bonnet en peau de mouton fort élevé et terminé en pointe, une blouse de toile et une culotte courte. Une veste en peau de mouton est ajoutée à ce costume, lorsque le froid l'exige. Ceux d'entre eux qui ne vont pas nu-pieds ont pour chaussure une semelle en peau non tannée, retenue par des cordes qui serrent autour de la jambe une pièce d'étoffe de laine à carreaux noirs et blancs.

Ces gens si pauvres ne feraient pas un quart de lieue à pied. On les voit par bandes de vingt, de trente, courir de toute la vitesse de chevaux petits mais très alertes. Une selle à la hussarde, toute en bois, posée sur d'épaisses couvertures, les élève de plusieurs pouces au dessus de leurs maigres coursiers. A leurs longs bonnets pointus en peau de mouton blanc, à leurs moustaches pendantes, à leur air farouche, on les prendrait pour ces hordes que l'Ukraine et le Don répandirent à deux reprises dans nos provinces conquises.

Parmi les causes qui entretiennent l'excès de misère de cette population, on doit placer en première ligne l'habitude qui fait du malaise, ou tout au moins du désordre qui en est la cause première, un besoin tout aussi impérieux que du bien-être. Viennent ensuite le manque d'enseignement religieux, et le mauvais exemple donné par les prêtres de la religion grecque que suit ce peuple. Ces hommes se livrent sans pudeur aux passions les plus dégradantes. On en gémit plus que l'on ne s'en étonne, lorsque l'on sait qu'une simonie effrontée préside à la distribution des fonctions sacerdotales, et que l'aptitude et la vocation sont suffisamment constatées par le talent de lire tant bien que mal les offices, et par une somme qu'ils donnent à leur évêque dont le principal revenu se compose de ce sacrilége trafic.

Le mûrier, assez multiplié dans les parties de la Hongrie que je venais de parcourir, se montre aux environs de Karensberg en plantations régulières fort étendues. Encouragée par le gouvernement autrichien, à l'époque où les chances de la guerre lui avaient enlevé la Lombardie, la culture de cet arbre précieux a cessé d'exciter son intérêt depuis qu'il était rentré en possession de cette province. Les Hongrois et les Transylvains, peu disposés à prêter au gouvernement des intentions qui leur soient favorables, affectent de voir dans le défaut d'encouragement de cette branche d'industrie le dessein de favoriser la Lombardie à leur détriment. Il serait plus raisonnable d'attribuer à leur propre négligence l'état de choses dont ils se plaignent.

XXXVIII

Mehadia.

Entre deux des montagnes dont se compose l'amphithéâtre qui termine la vallée de Karensbeck, se trouve une gorge étroite. Le Temesch en occupe le fond. On pénètre par ce point dans une contrée montagneuse dont les sites sont souvent très pittoresques. D'un pont nouvellement construit, on voit les restes d'un pont romain. Deux de ses piles supportent une chaussée moderne. On est préparé à la vue de ces antiquités, qui n'ont rien de remarquable, par une inscription romaine enchâssée dans le mur d'un corps-de-garde, et par une pierre tumulaire dressée une lieue avant, sur le bord de la route.

A la sortie de cette gorge, le pays s'embellit. Une foule de collines agencent les unes dans les autres leurs pentes gracieuses. La culture s'améliore; elle se mêle à des prairies parsemées de bouquets de beaux arbres. Il ne manque au charme de cette contrée que des habitations plus soignées et des habitans moins misérables.

Les routes tracées, ouvertes et entretenues par la colonie militaire, sont d'une exécution parfaite, et devraient servir de modèles pour celles que l'on fait dans les états autrichiens.

D'une hauteur sur laquelle passe la route, on jouit d'une perspective ravissante. Les montagnes de la Servie encadrent un bassin dans le fond duquel ondulent des mamelons bien cultivés. Après avoir traversé la mauvaise bourgade de Méhadia, on atteint en une heure de marche les bains du même nom.

Ces bains et l'établissement qui s'y rattache sont situés dans une gorge resserrée par des

montagnes fort élevées. Sur l'emplacement de
bains romains, dont on a retrouvé de nombreux
vestiges, on a construit des bains modernes peu
remarquables sous le rapport architectural, et de
vastes maisons destinées au logement des personnes qu'attirent en grand nombre l'efficacité
de ces sources sulfureuses. Sur les deux côtés
d'une place s'élèvent des bâtimens réguliers d'un
assez bon style, et qui peuvent loger trois ou
quatre cents personnes. Une caserne, inévitable
accessoire de toute agglomération de population
dans les états autrichiens, s'est emparée d'une
portion de cet étroit emplacement.

On trouve aux bains de Mehadia beaucoup de
ce que l'on rencontre partout dans ce genre d'établissemens : quelquefois la santé, assez souvent
la confirmation des maux que l'on y avait apportés, de la gêne dans le logement, une grande
restriction dans tous les genres de *comfort*, une
assez mauvaise chère, et une dépense exorbitante pour la satisfaction incomplète des nécessités les moins dispendieuses ailleurs. On s'y
baigne le matin ; on y dîne fort mal à une heure;
on cause le soir de ses rhumatismes et des effets
du traitement ; on arpente la place qui sépare
les deux rangées de maisons, ou une courte promenade pratiquée sur le bord d'un torrent, lorsqu'on ne veut pas escalader le sentier qui s'élève

en zig-zag sur le flanc escarpé d'une montagne. On met la tête à la fenêtre pour voir sortir de leurs voitures les arrivans et exercer sa sagacité sur le pays d'où ils viennent, la classe à laquelle ils appartiennent, ce que l'on a à attendre des rapports que l'on aura avec eux. Peu s'en faut que l'on ne veuille deviner leurs noms. On cherche aussi à pénétrer dans l'intérieur et les habitudes des voisins. On se fait malin quand on peut, méchant quand on n'a pas l'esprit d'être malin, et l'on se couche de bonne heure pour mettre fin à l'ennui qui recommencera le même le lendemain et tout le temps que durera le séjour.

On voit qu'à Mehadia c'est à peu près comme dans tous les bains de l'Europe.

Ce qui distingue ceux-ci, c'est la variété de mœurs, de costumes, de langages, que produit le voisinage de contrées qui participent aux habitudes de l'Asie. On y voit des costumes valaques, turcs, mêlés avec ceux de la Hongrie et de la Transylvanie.

Quant à la classe qui détermine le ton de la société, elle est là ce qu'elle est ailleurs. On ne saurait remarquer la plus légère différence entre un salon de Barrège, de Spa ou de Plombières, et un salon de Mehadia, de Baden ou de Tœplitz. La haute société de l'Europe a adopté des manières, des costumes, un genre d'esprit, un ton, des modes, une langue qui sont les mêmes partout. L'exception que fait encore l'Angleterre tend même chaque jour à disparaître. On ne doit donc pas craindre de se trouver étranger à chacune des fractions de cette société en quelque lieu qu'on la rencontre. Partout on s'aborde, on converse avec les mêmes formes, presque avec les mêmes mots. Nulle part on n'a rien de nouveau à observer. Et l'étude des mœurs n'exigerait pas de déplacement si elle devait se borner à celle de ce qui se pratique dans le grand monde.

Il faut que la langue française ait un attrait irrésistible, car elle s'introduit partout ; on pourrait dire qu'elle est appelée partout. On conçoit la naturalisation que les Romains avaient faite de leur langue dans les contrées où ils avaient porté leurs armes, parce que des siècles s'étaient succédé sans que leur domination fût ébranlée. Mais dans cette alternative de victoire et de revers, qui caractérise d'une manière si spéciale la fortune de la France, la langue du vainqueur, parlée quelques mois à peine dans des provinces conquises et bientôt abandonnées, n'avait pas eu le temps d'être apprise. Un sentiment de nationalité aurait même dû engager à sa proscription les peuples auxquels on en avait donné de si dures et si chères leçons. Il n'en a rien été. La diplomatie en a fait son moyen officiel de communication : la mode l'a imposée aux classes qui sont en dehors de cette imposante catégorie.

Un observateur pourrait voir dans cette *ubiquité* de la langue française autre chose qu'un moyen plus facile d'échanger des idées; et sans fouiller bien avant dans les dispositions des peuples, il pourrait remarquer une sorte de détachement des affections de la patrie, proportionné à l'habitude de n'en pas parler la langue. On ne devient pas Français ; mais on est moins Russe, moins Allemand, plus enclin au cosmopolitisme. La résidence dans le pays natal cesse d'être une nécessité. On est plus accessible à la séduction des voyages, d'où l'on rapporte des habitudes différentes de celles de la patrie, des goûts que celle-ci ne peut satisfaire, l'idée que l'existence peut être plus douce ailleurs, un désir plus ou moins avoué de se fixer sur le sol étranger, moins de dévouement aux intérêts de son propre pays. La généralisation d'une langue étrangère peut donc être considérée comme un des plus puissans dissolvans de l'organisation spéciale de chacune des grandes divisions politiques du monde.

Cette considération importante serait-elle balancée par des avantages personnels ? je ne le pense pas. Apprend-on plus parce que l'on apprend dans plusieurs idiomes ? Chacun de ces idiomes ne possède-t-il pas en moyens d'enseignement et d'études bien au delà de ce que peuvent attendre et saisir les facultés de l'homme le plus avide de savoir, et le plus capable d'en acquérir ? Ne doit-il pas résulter des efforts tentés pour parvenir à la connaissance des langues, une perte irréparable de temps pour les apprendre, de la confusion dans les idées souvent fort divergentes que chacune d'elles apporte? Enfin remarque-t-on une supériorité marquée d'intelligence chez les peuples prédisposés pour l'initiation aux langues étrangères, de savoir et de réflexion chez les individus qui sont doués de ce genre de facilité?

De ce qui précède je ne prétends pas induire que l'acquisition des langues étrangères doive être écartée d'un bon système d'éducation. Je pense au contraire qu'elle doit y être admise, mais seulement par un nombre limité d'individus à qui leur position sociale la rendra utile.

Les langues ne font pas seules des progrès. Avec elles marchent, se propagent et prennent racine les idées, les principes, les formes, l'esprit qui leur sont propres, lesquels sont souvent en opposition avec ce qui existe dans les pays qui les ont imprudemment importées et accueillies. Elles ne traversent pas une contrée sans y déposer comme une sorte de sédiment des idées qu'elles transportent avec elles. Un je ne sais quoi d'étranger se mêle à la nationalité et en altère le titre. Je pense donc que, sous peine de leur voir perdre leur esprit national, on doit en défendre les peuples.

Ces réflexions se sont maintes fois présentées à mon esprit, lorsque dans mes voyages j'entendais parler la langue de ma patrie. Si j'interrogeais ceux à qui elle était familière, je ne tardais pas à remarquer des idées, des vœux, presque des intérêts qui étaient le résultat évident de l'introduction d'une langue qui n'était pas nationale. On ne cesse pas d'être Suisse, Allemand, Polonais, mais on l'est moins; on est plus disposé à transiger sur ce que jusque-là on avait considéré comme les intérêts absolus de son pays.

XXXIX

Visite au pacha d'Orsowa.

De Mehadia, je me rendis à Orsowa, point extrême de la frontière qui sépare la Hongrie de ce qu'on appelle fort improprement la Turquie. Depuis plusieurs années, la Servie et la Valachie ne sont plus que des dépendances purement nominales de l'empire turc. Les mœurs se sont affranchies de l'influence comme les gouvernemens de la domination musulmane. Les femmes se parent des modes de Paris, dans les salons d'Yassy et de Bucharest. Les hommes portent le frac et lisent les journaux de toute l'Europe. Les anciennes coutumes sont tombées, toutes dégradées et comme des objets usés et de mauvais ton, dans les classes inférieures, qui les font durer faute de moyen de les changer. Je n'espérais donc rien voir de nouveau à Orsowa. Je n'y allais que pour échapper au reproche de n'y être pas allé. Je faisais là ce que j'avais fait dans mainte autre occasion : je courais et je me fatiguais par respect humain.

Trois heures suffisent pour se rendre de Mehadia à Orsowa, bourgade située sur le Danube. On trouve sur la route les restes d'un aqueduc romain dont il est difficile de deviner la destination, lorsqu'on la cherche dans l'intérêt de deux ou trois misérables villages, gisans à de grandes distances les uns des autres.

Le Danube, resserré entre de hautes montagnes couvertes de taillis à travers lesquels on voit percer la couleur grise des nombreux troupeaux de vaches qui les dévastent, ne semble pas avoir plus de cinq cents toises de largeur. On ne conçoit pas comment les eaux des fortes rivières qui sont ses tributaires peuvent être contenues dans un lit aussi étroit. Lorsque j'arrivai sur ses bords, la chaleur était accablante. Des centaines de vaches cherchaient un peu de fraicheur dans ses ondes où elles restaient plongées jusqu'au milieu du corps. Leurs pâtres étaient couchés sur la rive, la face tournée vers le soleil. Pas une seule barque ne se montrait sur le fleuve qui coulait sans le moindre bruit. Il y avait de l'accablement plus que du repos dans ce que je voyais : c'était déjà une scène d'Orient.

Un bac entretient les communications entre les deux rives. Un hangar, divisé par de doubles cloisons destinées à empêcher le contact des individus venant de la rive droite avec ceux de la rive gauche, sert en même temps de bazar. Des Grecs et des Turcs, assis sur des ballots de marchandises, attendent, la pipe à la bouche, qu'il se présente des acheteurs. Ils passent sur des planches les objets qui leur sont demandés, et on leur en envoie le prix de la même manière. Le costume des marchands grecs est élégant. D'un bonnet rouge surmonté d'une frange bleue s'échappent des mèches de cheveux qui tombent en boucles sur les épaules. Une veste couverte de broderies, une ceinture d'étoffe imitant le cachemire, un ample jupon de toile blanche, des guêtres assorties à la couleur et à la broderie de la veste et s'arrêtant au coude-pied, et des pantoufles de maroquin rouge, avec des bas blancs ou des babouches jaunes, complètent un costume des plus pittoresques. Pour être plus simple, l'habillement des mariniers n'en a pas moins de singularité.

Dans une île d'un quart de lieue environ de longueur, et au double de cette distance au dessous d'Orsowa, se trouve une forteresse turque du même nom où réside un pacha. C'est, avec un fort situé en face et sur la rive droite du Danube, tout ce qui reste à la Turquie de possession réelle dans la Servie.

Je fis demander au pacha l'autorisation de visiter sa forteresse, il me l'accorda avec beaucoup d'empressement. Le commandant autrichien me fit accompagner par le médecin du lazaret qui devait me servir d'interprète, plusieurs gardes du même établissement chargés de veiller à la rigoureuse exécution des lois sanitaires, et plusieurs soldats sous les ordres d'un officier.

Un quart d'heure de navigation suffit pour me transporter sous le fort. Je descendis avec le médecin, quatre gardes du lazaret, mon interprète et mon valet de chambre. Je fus reçu par le lieutenant et quelques gardes du pacha qui se tenaient à une assez grande distance de moi et des personnes de ma suite, pour que le moindre contact fût impossible. Le cortége se dirigea vers le fort que, chemin faisant, j'examinai avec soin. Ses murailles en brique sont en partie écroulées et ont comblé les fossés. Dans quelques embrasures moins endommagées que le reste sont des canons dont l'explosion ne manquerait pas de les renverser. D'autres embrasures servent de dégorgeoirs aux fumiers des étables. Un fort régulier, en aussi mauvais état que les ouvrages qui l'entourent, occupe le centre de l'île. Dans l'intérieur de ce fort sont entassées des barraques en bois, sur le devant desquelles sont des boutiques que leur dénuement met en rapport avec la misère qui se fait remarquer partout. Sous des galeries supportées par des piliers de bois, des Turcs bien sales, fument accroupis, les jambes croisées. Quelques femmes grecques enveloppées dans des lambeaux de toile, la tête couverte de voiles qui ne laissent apercevoir que les yeux, circulent dans les ruelles qui divisent cette bourgade.

L'habitation du pacha se compose de quelques bâtimens autrefois en briques, mais dont de nombreuses portions ont été réparées avec de la terre mêlée de paille. Les toits sont en planches. La cour est formée par des huttes, des étables, des maisons délabrées disposées sans ordre, et devant lesquelles on voit se traîner des enfans maigres, livides, en haillons et déjà tristes.

On parvient par une rampe fort rapide au terreplein d'un bastion sur lequel est établi le bâtiment occupé par le pacha. Un escalier saillant, tout en bois et dont les degrés usés semblent près de se rompre, conduit à une galerie ouverte. J'y trouvai une douzaine de Turcs en habit de toutes couleurs, ornés chacun de deux longs pistolets passés dans une ceinture de cotonnade. Tous étaient nu-pieds. Leurs sandales étaient réunies dans un coin de la galerie.

A mon arrivée, les médecins et les gardes de santé qui m'accompagnaient firent, avec assez de brutalité, éloigner les Turcs qui auraient pu me toucher. Sur leur injonction, on décrocha une pelisse dont la fourrure était à moitié rongée des vers, et qui paraissait tendue en forme de rideau. On enleva une natte en joncs dont la disparition laissa à découvert les larges fentes du plancher, et on plaça des chaises en paille sur lesquelles nous nous assîmes; toutes précautions ordonnées par le médecin, avec plus de minutieuse défiance que de politesse et d'égards pour nos hôtes.

Le pacha parut. C'était un homme d'une cinquantaine d'années, petit, un peu voûté, fortement maltraité par la petite vérole, à barbe grisonnante, dont les manières et la physionomie semblaient également communes. Il portait un bonnet rouge qui lui recouvrait les oreilles et sous lequel passait une bordure en mousseline plissée ; une redingote de bouracan bleu, un gilet jaune et un pantalon de nankin fort passé. La conversation s'entama par des lieux communs que nous échangions par l'intermédiaire de mon interprète, qui rendait ce que je voulais dire au médecin allemand, lequel le traduisait en turc. Je n'oserais assurer que les pensées des deux interlocuteurs fussent fidèlement rendues ; mais la traduction, quelle qu'elle fût, ne pouvait guère moins valoir que les phrases originales. Comme le pacha se bornait à faire une brève réponse à chacune de mes interpellations, la conversation tombait toutes les fois que je ne la relevais pas. Dans ces lacunes, son excellence regardait de tous côtés, tantôt faisant tourner ses pouces l'un autour de l'autre, tantôt agitant ses doigts sur son ventre, comme sur un clavier. Cet entretien ressemblait fort à celui de M. Jourdain avec le mamamouchi. Cette idée, qui me poursuivit tout le temps que dura la visite, me donnait une envie de rire que j'avais peine à comprimer.

Le pacha réfléchit quelque temps comme s'il eût voulu rassembler un souvenir. Il adressa quelques mots à demi voix à son interprète, qui les traduisit au mien de manière à ce qu'il comprît qu'ils ne m'étaient pas destinés. Sachant que j'avais été ministre de la marine en France, il demandait si c'était sous mon ministère qu'avaient été préparées les expéditions de Morée et d'Alger. On lui répondit affirmativement sur la dernière partie de sa question. Il sourit et ne fut pas plus loin sur ce chapitre. Mais un moment après, comme je lui disais que j'avais connu Namik-pacha, ambassadeur turc à Londres, il me répondit avec plus de finesse que n'en promettaient son ton et sa physionomie : « Vous devez aussi avoir vu Tahir, car vous lui avez procuré le plaisir de faire un voyage à Paris [1]. »

Lorsque j'annonçai l'intention de prendre congé, le pacha me pria de différer. Sur un signe qu'il fit, on dressa une table pliante à moitié recouverte d'un lambeau de toile cirée. On y plaça un plateau de fer-blanc sur lequel figuraient une vieille cafetière en cuivre jaune, et des espèces de

---

[1] Peu de jours avant le débarquement de l'armée française sur la côte d'Afrique, Tahir-pacha avait été envoyé par le sultan à Alger, avec la mission de faire couper la tête au dey et de prendre le commandement de la ville au nom de son maître. Si cette mission avait réussi, il en serait résulté une complication fâcheuse. Le gouvernement français en fut informé assez promptement pour que je pusse donner l'ordre d'empêcher Tahir d'entrer à Alger et de l'envoyer à Toulon. C'est à l'exécution de cette mesure que le pacha faisait allusion.

pieds en même métal qui reçurent de très petites tasses en porcelaine. Le plateau disposé sur la table, et le café versé par le domestique qui l'avait apporté, le médecin prit une tasse qu'il me présenta, en fit autant pour les personnes qui m'accompagnaient, les reprit et les posa sur le plateau.

Le café était bon, mais tellement épais que je mâchais encore, en arrivant à Orsowa, le grain à peine écrasé qui avait servi à le faire.

A ma grande surprise, dans cette bauge que l'on appelle un palais, je ne vis pas de pipe. On répondit aux questions que je fis à ce sujet que le grand seigneur en avait interdit l'usage aux militaires sous les armes et aux fonctionnaires civils pendant l'exercice de leurs fonctions. Est-ce qu'en retour des leçons de tactique et de civilisation qu'elle reçoit de nous, sa hautesse voudrait nous en donner de bonnes manières et de savoir vivre? Qu'elle y songe ou non, nous ferions bien de profiter de l'exemple.

Lorsque la barque qui me portait était arrivée près du fort, on m'avait fait remarquer des fenêtres sans grilles et sans jalousies que l'on me dit être celles du harem. A travers les vitres, j'aperçus deux femmes qui paraissaient regarder avec curiosité et ne prendre aucune précaution pour ne pas être vues. J'étais assez près pour distinguer leurs traits : l'une avait de l'embonpoint, des cheveux noirs et une peau très brune. Elle n'annonçait pas une très grande jeunesse. Sa compagne semblait jeune et très maigre. Celle-ci ayant porté la main à sa tête, la manche fort ample de sa robe glissa sur l'épaule et laissa à découvert un bras très blanc. Au retour, ces deux femmes et une troisième dont je ne pus voir les traits étaient à la même fenêtre.

En parcourant le fort, on m'a montré un jardin entouré de hautes palissades en planches soigneusement jointes, réservé aux dames qui habitent ce lieu de délices. Il m'a paru n'être planté que de cerisiers et de pruniers. Toutes les maisons habitées par des Turcs ont des enclos semblables.

Tout indique la misère ; tout inspire et révèle la tristesse et l'ennui dans ces murailles délabrées où sont confinés trois cents Turcs et à peu près autant de Grecs. Des Turcs et des ruines ; de l'apathie et des décombres ; la cause et l'effet, tout est réuni là. Le fort d'Orsowa est le symbole de l'empire en décadence dont il est un des débris.

XL

Navigation du Danube. Le comte Szecheny.

—

Au dessus d'Orsowa, et sur une étendue de plusieurs lieues, la navigation est complètement interrompue par des rochers dont le lit du Danube est hérissé et par l'inégalité qui en résulte dans le courant du fleuve. On exécute des travaux importans, dont l'objet est de suppléer par une route à l'interruption de la communication fluviale. Les bateaux s'arrêteraient à Cazan en descendant, et à Orsowa en remontant. Les passagers et les marchandises seraient transportés d'un point à l'autre par la voie de terre.

L'établissement d'une communication entre Vienne et Constantinople est un immense service rendu à l'Europe; mais à tort on penserait que, la ville de Pest exceptée, la Hongrie en tirera des

avantages réels. Cette contrée n'a pas d'industrie
Peu de produits de son agriculture emploieron
le mode de transport par la vapeur. Les voyageurs qui monteront ou descendront le Danub
ne laisseront pas sur ses bords une seule idée qu
la civilisation puisse faire tourner à son profit
Ils ne donneront pas la pensée d'un besoin qu
stimule l'inertie des habitans du centre. Pas u
seul des écus qu'ils dépenseront ne sera employ
au développement d'une branche quelconque d
la prospérité publique. C'est ailleurs que dan
cette entreprise européenne qu'il faut cherche
le point de départ du progrès de cette contrée
et ce point de départ, on ne peut le rencontre
que dans l'établissement d'un bon système d
viabilité. Quelques voyageurs qui, dans l'éta
actuel du pays, le parcourent dans un intérê
de science, de curiosité, peut-être même de dés
œuvrement, ne traîneront pas après eux un
civilisation toute faite. Pour eux, les auberge
ne perdront rien de leur dénuement et de leu
saleté ; la vue de leurs costumes n'engagera pa
le petit nombre de paysans qui leur serviront d
postillons à modifier le leur ; ils ne convaincron
pas de la nécessité de substituer l'instruction
l'ignorance générale : missionnaires isolés, leur
prédications en faveur d'usages meilleurs per-
draient, dans le long intervalle qui les sépareraient

le fruit qu'elles pourraient avoir. Le commerce, ce conseiller si persuasif des peuples, parce que, l'argent à la main, c'est à leur intérêt qu'il s'adresse, le commerce ne s'aventurera jamais là où il ne saurait comment pénétrer, et encore moins comment transporter les objets qu'il échangerait. Or, la navigation du Danube, quelque perfectionnée qu'elle soit, ne saurait lui procurer les moyens qu'il réclame. C'est donc ailleurs qu'il faut demander une amélioration dans l'état de la contrée.

Cette brillante et utile entreprise a été conçue et est dirigée par le comte de Szecheny, noble Hongrois, qui consacre à l'amélioration de son pays une imagination chaleureuse, une volonté persévérante, un esprit très cultivé, une étonnante activité et une grande fortune.

La création d'une navigation par la vapeur entre Vienne et Constantinople a été chez cet excellent citoyen une espèce d'idée fixe à la réalisation de laquelle il a constamment appliqué tous ses efforts, sans cependant, comme il n'arrive que trop souvent aux esprits prompts à concevoir, se laisser entraîner à de trompeuses illusions. Ce n'est qu'après s'être bien assuré que le fleuve se prêterait à leur navigation qu'il a fait construire les bâtimens qui devaient le parcourir. Cette navigation rencontrant, sur une distance de plusieurs lieues, des obstacles qui ne pourraient être surmontés qu'avec une grande perte de temps et d'argent, il ne s'est pas obstiné à les vaincre. Laissant à une nécessité qui n'existe pas encore, mais qui pourrait ne pas se faire long-temps attendre, le soin de les absorber, il se borne à les tourner. Le retard et les frais de transbordement ne sauraient être mis en comparaison avec les délais dans l'exécution, et les frais hors de proportion avec les produits d'une navigation naissante, qu'aurait entraînés l'enlèvement des rochers qui encombrent le fleuve. Il s'est donc borné à ce que la raison conseillait ; et il a réussi. Quoique la route destinée à réunir les deux navigations ne soit pas encore achevée, la communication entre les capitales de l'Autriche et de la Turquie n'en existe pas moins. Bientôt elle sera complète ; et, selon toutes les apparences, son produit sera en rapport avec l'intérêt du capital qu'elle aura exigé, comme ses proportions avec les besoins du commerce. Elle réunit donc la double condition que l'on s'attache à obtenir dans les entreprises de ce genre, et tout en fait présager le succès.

La pensée du comte Szecheny n'est pas tellement absorbée par les soins qu'il donne à cet important travail, qu'elle n'ait pu s'appliquer à d'autres objets d'intérêt public. Elle s'est dirigée vers les perfectionnemens que semblent réclamer la législation, l'administration, les mœurs mêmes de la Hongrie.

Les écrits de ce publiciste étant en langue hongroise et la traduction n'en ayant pas été faite, je ne pourrais m'en former qu'une opinion incomplète et incertaine, puisqu'elle ne serait basée que sur des extraits peut-être inexacts ou sur des jugemens influencés par des passions diverses. Les rapports que j'ai eus avec cet homme distingué, tout limités qu'ils aient été, me disposent à une grande confiance dans les vues que ces écrits renferment. Celui qui a conduit à sa fin avec tant de prudence la vaste entreprise qui ajoutera aux moyens de prospérité de son pays ; celui au nom duquel s'attache la gratitude de ses concitoyens ne voudrait pas courir après une popularité de tribun. Il ne proposera que le possible ; il ne conseillera que ce que la raison approuve ; et il laissera aux gens qui n'ont pas d'autres moyens de célébrité que le trouble ces rêves d'esprits irréfléchis, ces pensées de réformes outrées, qui, sorties de cerveaux mal organisés, ont depuis cinquante ans fait le tour du monde et se sont arrêtés aux confins de sa patrie. J'ai donc foi dans ses idées en politique comme en administration.

XLI

Transylvanie.

—

Pour me rendre de Mehadia à Hermanstadt, j'avais à revenir sur mes pas, sur une distance de trente lieues. Je trouvais une compensation à cette contrariété dans l'intérêt que présentait le pays que j'allais revoir. Je n'hésite pas à recommander aux voyageurs qui visiteront après moi la Hongrie cet épisode qui répand de l'intérêt et de la variété sur l'exploration un peu monotone au reste de la contrée.

On voyage avec la plus grande sûreté dans ce pays, ainsi que dans tous ceux soumis au système *régimentaire*. La surveillance de la sûreté des routes est confiée à des espèces de gendarmes pris parmi les soldats des frontières. Ils sont habillés à la hussarde, mais armés à la turque. Ils portent un yatagan et un poignard passés dans la ceinture; un long pistolet pend à un baudrier couvert de boutons en cuivre, et la carabine est portée en bandoulière, ou soutenue en travers sur le pommeau de la selle.

Le service de ce corps est très actif et paraît avoir d'excellens résultats.

Ce qui était plus à redouter que les voleurs, c'était le choléra. Il me fallait rentrer dans un pays qu'il ravageait, me replonger dans une atmosphère qu'il infectait. Il me fallait traverser de nouveau cette sinistre bourgade de Lugos, où j'avais vu passer un long convoi de morts. Je croyais avoir pris les précautions convenables pour ne m'y arrêter que le temps nécessaire à un changement de chevaux commandés à l'avance. Les ordres que j'avais fait donner avaient été négligés ou mal compris. Je dus attendre plusieurs heures. C'était la nuit. Au rez-de-chaussée des maisons entre lesquelles ma voiture était arrêtée, je remarquai des chambres éclairées. Les fenêtres en étaient ouvertes. Dans l'une on faisait les préparatifs d'une inhumation. On apportait la bière; j'y vis déposer un mort. Dans l'autre un prêtre donnait les derniers secours, les dernières consolations de son ministère. La famille était à genoux autour du lit. Aux cris déchirans qui interrompirent les prières, je jugeai que la mort venait encore de frapper une victime. Peu de momens après, je vis sortir une femme que l'on arrachait de ce lieu de douleur. Deux enfans, les siens sans doute, étaient emportés pleurant dans les bras des témoins de cette scène douloureuse. Il ne restait dans la chambre qu'une personne qui semblait plus occupée du soin de réparer le désordre qui y régnait que de l'évènement qui venait de s'y passer. De temps à autre elle interrompait son travail pour jeter sur le mort de l'eau bénite qu'elle puisait avec un rameau. J'eus le temps de voir entrer deux hommes portant la caisse fatale. Il fallait se hâter : il était cinq heures, et à six le convoi funèbre commençait sa marche de tous les jours. On aura été prêt. Les coups de marteau retentissaient au moment où j'entendis le bruit du fouet de mes postillons.

A la sortie de Lugos, la route s'élève par une pente rapide et prolongée, au sommet de laquelle on trouve une plaine passablement cultivée et qui s'embellit en s'étendant vers une vaste chaîne de montagnes. La population paraît jouir d'une plus grande aisance que celle du Bannat et de la Hongrie.

En quittant la plaine, on entre dans une région de forêts dont l'œil ne peut apercevoir la fin. Lorsqu'on l'a traversée, on domine un immense bassin dont le fond inégal est partagé entre des bois et une culture que n'interrompent ni un village ni une seule habitation. Je ne sais où cette culture prend ses cultivateurs.

Ce point de vue n'a de remarquable que son étendue ; rien n'y fixe l'attention, rien n'y excite l'intérêt. Toutes les montagnes se ressemblent ; l'eau y manque ; les bois maintenus à l'état de taillis sont sans relief.

Quelques lieues plus loin, le Maros, assez belle rivière que l'on n'aperçoit pas dans l'ensemble du paysage, coule à travers une large vallée à la fécondité de laquelle on néglige d'appliquer ses eaux. Ses bords ne sont pas plantés. Quelques assemblages de chaumières, autour desquelles croissent de chétifs pruniers, attristent par l'idée que l'on prend de la misère de leurs habitans ; encore ces villages sont-ils si rares, que, sur une distance de trente lieues, je n'en ai traversé que six, et que ma vue en a vainement cherché un pareil nombre dans l'immensité qui se déroulait devant elle. Aussi cette vallée du Maros, avec ses belles montagnes, son magnifique horizon, et sa plaine sans arbres, sans villages, sans mouvement, me produit l'effet d'une toile sans couleurs enfermée dans un cadre magnifique.

Je voyageais sans m'arrêter, afin d'éviter le choléra qui régnait dans toute cette contrée. Il était peu d'auberges dans lesquelles on ne trouvât des malades ou des morts. Ce ne fut qu'aux approches de Deva que son action parut se ralentir. Je passai la nuit dans ce méchant bourg, à la laideur duquel n'ôtent rien le titre de chef-lieu de comitat qu'il possède et celui de ville qu'il usurpe. Une colline en pain de sucre qui le domine est couronnée par un vieux château bien conservé et d'une forme très pittoresque. Des fortifications en terre qui s'appuient sur la pente du côteau et s'étendent jusqu'à la rivière défendent un passage fort resserré qui semblerait pouvoir être facilement tourné.

De Deva à une chaîne de montagnes que l'on franchit par une route mal tracée, comme le sont toutes celles de la Transylvanie, la plaine conserve le caractère que je lui ai assigné plus haut : elle est belle d'immensité, pauvre de détails.

Hermanstadt occupe une position gracieuse sur la pente d'un côteau qui termine une autre plaine moins vaste, mais moins dépourvue d'habitations et mieux cultivée que celle de Maros. Les Crapacks se développent avec leurs formes imposantes et les bizarres découpures de leurs sommets.

Percée de rues fort larges, ornée d'une place vaste et presque régulière et d'une promenade bien ombragée, Hermanstadt serait classée parmi les jolies villes, si ses rues étaient mieux pavées et si l'alignement en était entendu. Cette ville possède un théâtre, une bibliothèque assez nombreuse, et dans laquelle on s'est attaché à réunir tous les ouvrages relatifs aux controverses religieuses de l'Allemagne, et un musée où l'on trouve quelques tableaux médiocres de maîtres connus, et quelques très bons ouvrages de peintres à peu près ignorés.

On voit en Autriche un assez grand nombre d'écoles destinées à donner aux fils des militaires de grades inférieurs une éducation qui les rende aptes à suivre la carrière de leurs pères. Chacune d'elles reçoit quarante-huit élèves et est affectée à deux régimens. C'est parmi les jeunes gens qui en sortent que sont pris les meilleurs sous-officiers de l'armée.

Hermanstadt renferme deux de ces écoles. Leur tenue m'a paru fort satisfaisante. L'instruction s'étend au delà de ce qu'elle devrait être pour de simples sous-officiers; aussi en met-elle un grand nombre en état de parvenir aux grades supérieurs.

J'ai visité dans cette ville une maison d'orphelins fondée par Joseph II, dans laquelle quatre cents enfans des deux sexes sont très convenablement élevés. Si cette maison ne peut être classée parmi ce qu'il y a de mieux, elle peut l'être parmi ce qui est bien.

Dans le court séjour que j'ai fait à Hermanstadt, j'ai été, de la part de ses habitans les plus distingués, l'objet de prévenances aussi obligeantes qu'empressées. J'y ai en quelque sorte improvisé des affections; et, en m'éloignant des connaissances que j'y avais faites, je n'ai pu me défendre de ce sentiment pénible que l'on éprouve lorsque l'on se sépare d'amis que l'on ne doit plus revoir. Puissent ces lignes dictées par la plus sincère gratitude parvenir à ceux qui m'ont si noblement reçu, et leur prouver que je conserve précieusement le souvenir de l'accueil qu'ils m'ont fait !

XLII

Propriété. Population. Moeurs.

La Transylvanie, qui pourrait être un des pays les plus beaux, les plus riches et les plus heureux de la terre, n'est rien de tout cela. Les causes de son malaise sont nombreuses.

On doit placer en première ligne le manque absolu de débouchés pour les produits de l'agriculture. La consommation locale est sans effet sur la production, parce que personne n'achetant, personne n'a intérêt à produire au delà de ses besoins personnels.

L'influence du système de propriété se fait sentir d'une manière très fâcheuse. Ici, tout le monde possède et possède trop, parce que personne n'a des moyens de tirer parti de ce qu'il a, en rapport avec l'étendue de la propriété. Personne aussi n'a la sagesse de ne cultiver que la portion de terrain à laquelle on pourrait donner des soins utiles. On dissémine ainsi un travail qui devient insuffisant pour tous. On dépense beaucoup et on n'obtient qu'une rentrée incomplète des avances que l'on a faites. Tout le monde est donc pauvre, parce que tout le monde participe à la propriété, et que personne ne possède assez pour être en état de donner de la valeur à la propriété des autres, d'imprimer de l'élan à l'industrie, d'ouvrir des voies aux améliorations. Voilà une nouvelle preuve de l'effet désastreux de la possession de chacun sur le sort de tous, avec cette différence que, jusque là, nous n'avions vu la possession faire le malheur du possesseur que parce qu'elle ne pouvait élever le produit au niveau de ses besoins, et que cependant elle absorbait une somme de travail dont la valeur dépassait ce que l'on obtenait en échange; et qu'ici la propriété excède la force dont on peut disposer pour la cultiver. La même cause domine dans l'un et l'autre système. Une égalité absolue dont rien ne peut rompre l'équilibre rend impossible l'impression que peut seule produire une force supérieure.

A ces causes premières, puisées dans un état de choses purement locales, s'en joignent d'autres qui partent d'un autre point, mais qui n'en agissent pas moins d'une manière pernicieuse: et tels sont l'éloignement de tous les points de grande consommation; un système de douanes qui, sous le rapport commercial, traite la Hongrie et la Transylvanie comme les contrées étrangères les moins favorisées; une situation géographique qui rend presque impossibles les échanges des produits de l'agriculture et de l'industrie. La Transylvanie semble donc condamnée à un long, peut-être à un éternel malaise, et sa population à un état stationnaire de civilisation que j'aurais dû mentionner parmi les causes les plus efficaces de sa déplorable situation.

Le seul moyen de diminuer le mal se trouverait dans l'accroissement de la population et dans la création d'une industrie qui prêterait à l'agriculture l'aide d'une augmentation de consommation que celle-ci ne tarderait pas à lui rendre. C'est dans le pays même qu'il faut créer cette vivifiante activité, puisque l'on ne saurait l'obtenir du dehors. A l'accroissement de la population et de l'industrie, il faudrait joindre celui des besoins. Les besoins sont une des conditions vitales de la société. C'est par eux que se crée, s'entretient et s'excite l'énergie morale des masses comme celle des individus. Un peuple sans besoins ne sortira jamais de l'état d'engourdissement où il se trouve.

A voir la multitude d'enfans qui foisonnent dans les villages, on croirait que la condition que j'indique d'un accroissement de population, comme moyen d'améliorer la situation de la contrée, est près de se réaliser : on se tromperait. La nature ne se refuse pas une abondante reproduction; mais un régime vicieux en neutralise l'effet. Les naissances sont aussi nombreuses en Transylvanie que dans les contrées où la population fait les progrès les plus rapides; mais un grand nombre d'enfans succombent au régime détestable auquel ils sont soumis. Les effets de ce régime influent tellement sur la santé des individus qui survivent que la plus simple indisposition prend à leur égard un caractère mortel. Aussi voit-on peu de vieillards. Le terme moyen de l'existence n'est que de vingt-cinq ans, et celui de la vie utilisable ne paraît pas dépasser dix années. On ne doit donc pas s'étonner de l'insuffisance aux travaux réclamés par la terre, et du malaise d'une population si rapidement moissonnée, et qui est contrainte de faire de si grands sacrifices pour n'obtenir qu'une moyenne de dix années de travail pour chacun des individus qu'elle fait naître.

En dépit de tant de causes qui devraient la détériorer, la race transylvaine est belle. Les hommes sont grands et bien proportionnés. Leurs traits participent au caractère oriental plus qu'à celui de la Germanie. Leurs yeux et leurs cheveux sont noirs, leur peau est brune; leur physionomie a quelque chose de dur et de menaçant, que ne contribue pas à modifier la négligence de leur tenue.

Les femmes ne manqueraient pas de beauté si leurs traits n'étaient déprimés par un excès de fatigue et de misère, et si leurs formes ne perdaient pas toutes leurs proportions par suite de l'abandon le plus complet. La nourriture du peuple ne se compose que de pâtes préparées et de laitage. Les familles, quelque nombreuses qu'elles soient, vivent dans des cabanes enfumées, mal closes, dénuées des meubles les plus indispensables, et dont les fenêtres ne s'ouvrent pas. Une eau malsaine les abreuve, et des vêtemens qui ne sont jamais lavés et que l'on ne renouvelle que lorsque leur vétusté empêche d'en prolonger le service les accablent de chaleur pendant l'été, et laissent pendant l'hiver les jambes et les pieds découverts.

Dans ces contrées où tant de misère se montre, et sous des formes si repoussantes, on ne rencontre pas de mendians. Aux questions que j'ai faites à ce sujet, on a répondu que la misère était moins réelle qu'apparente ; que souvent les haillons cachaient une aisance dont ils écartaient l'idée ; et qu'enfin aucun peuple ne savait mieux que celui-ci se passer de ce qu'il ne pouvait avoir. Ne serait-ce pas plutôt qu'un malaise général rendant la bienfaisance impossible, personne ne songe à demander ce que personne ne serait en état de donner?

On va deviner les mœurs romaines dans Pompéï; on peut étudier d'autres mœurs de la même époque dans la Transylvanie. Près de Naples, on ne trouve que le lieu et quelques uns des accessoires de la scène ; il faut créer, rassembler, faire agir et parler les acteurs : ici les acteurs parlent et agissent comme ils l'auraient fait dix-huit siècles avant. Costumes, mœurs, théâtre, rien n'est changé. La langue, malgré les modifications qu'elle a éprouvées, est au fond toujours la même. L'habitant primitif s'y montre avec le sayon, la braie, la large ceinture de cuir, les sandales fixées par des courroies qui distinguent le Dace dans les bas-reliefs de la colonne Trajanne. Les femmes ont conservé la pièce d'étoffe qui, après s'être drapée autour des cheveux, leur enveloppait le menton et le cou.

J'ai indiqué les caractères physiques de la portion la plus nombreuse de le population ; mais d'autres peuples d'origines bien distinctes vivent aussi sur ce sol. Ces peuples n'ayant aucune tendance à se mêler, séparés par des religions, des mœurs, des langues différentes, conservent le type qui leur est particulier.

Le Saxon se fait remarquer par la longue chevelure qui flotte sur ses épaules, un grand chapeau, une chemise sans col, un gilet de peau de mouton sans manches, et un pantalon dont les plis se froissent dans de larges bottines.

Les Secklers forment une des divisions les plus prononcées de la population transylvaine. Ils se prétendent originaires de la Scythie. Restés maîtres d'un coin de la Transylvanie, après une conquête qui en avait expulsé ou détruit les habitans, ils ont conservé la propriété du sol, et la hiérarchie qui les partageait en trois classes. La plus distinguée renferme les familles dont les noms sont inscrits sur des registres de recensement qui remontent à une époque fort reculée ;

les deux autres comprennent les ouvriers employés à l'agriculture et aux métiers.

Les Secklers sont soumis à une organisation militaire semblable à celle des pays frontières de la Turquie. Ils forment deux régimens d'infanterie et un de cavalerie, qui sont classés parmi les meilleurs de l'armée.

Des traits prononcés, mais de belles proportions, une figure longue ombragée par des moustaches et des cheveux très noirs, une taille élancée font reconnaître le Valaque. On distingue la femme de cette nation à de longs cils d'ébène, à une bouche qui ne sourit que pour découvrir des dents admirables, à un profil aigu, à un turban blanc qui tranche sur une peau cuivrée, à une taille souple, à un inconcevable désordre de toilette à travers lequel cependant on voit percer de la coquetterie.

Les Juifs occupent aussi une place dans ce mélange de nations ; mais leurs mœurs les signalent plus que leur costume qui, à l'exception de la barbe longue que portent plusieurs d'entre eux, ne diffère guère de celui des Allemands.

Et ces hommes, ces femmes, ces enfans, au teint de couleur de crin, aux cheveux en désordre, à la physionomie exprimant toutes les passions qu'enfante le besoin, à peine couverts de haillons qui n'ont pas la forme de vêtemens, n'appartiennent-ils pas à la race parasite des Zingares (Bohémiens) ?

Les Allemands, qui la plupart font partie de la classe bourgeoise, semblent chargés de représenter l'Europe dans ce congrès de peuples qui lui sont presque étrangers; et les grenadiers hongrois, dont est exclusivement composée la garnison d'Hermanstadt, opposent le contraste de leur belle tenue au désordre de ces divers costumes.

Entre Hermanstadt et Cronstadt sont plusieurs villages habités par une race magnifique, et enrichis par une industrie fort active et habilement dirigée. Une partie de la population est occupée de la fabrication et de la vente de draps communs qui trouvent un débouché avantageux dans la Valachie. L'autre vit du travail des mines d'or et d'argent et du lavage du sable de plusieurs ruisseaux aurifères. Ces mines, ainsi que le sol qui les couvre, sont la propriété de simples paysans. Elles sont exploitées selon les procédés d'une routine peu éclairée, mais avec une économie qui compense ce qui manque en intelligence. Les fortunes considérables dont elles sont la source ne changent rien au genre de vie de leurs possesseurs. Tel paysan, qui reçoit annuellement deux et trois mille ducats en retour de l'or qu'il fournit au trésor, n'a pour vêtement que la chemise et le pantalon de toile, et la pelisse de peau de mouton du plus pauvre laboureur ; et sa table n'est pas plus somptueusement servie. Ses fils ne recevront pas une éducation plus relevée, ne prendront pas des mœurs plus élégantes que les siennes ; et en héritant de ses richesses, ils ne modifieront en rien les coutumes traditionnelles de la famille.

A je ne sais quelle époque, une colonie de Saxons fut appelée dans cette partie de la Transylvanie. Il fut convenu qu'elle conserverait les lois du pays qu'elle quittait et la religion luthérienne qu'elle professait, et qu'elle posséderait, d'une manière absolue et sans rien qui eût un caractère de servitude, les terres qui lui seraient concédées. Ces conditions ont été et sont encore scrupuleusement observées. La race saxonne forme un peuple distinct, régi par ses lois, jugé par ses attributions, professant son culte, et usant dans toute sa latitude du droit de propriété; mais stationnaire dans un état peu avancé de civilisation.

Cet assemblage de peuples qui ne se mêlent pas, à peu près unique en Europe, est un fait assez curieux à observer dans ses conséquences. Celle qui ressort le plus est l'absence absolue d'amélioration morale des races. Chacune conserve ses coutumes, sa langue, ses préjugés, comme des moyens de se préserver d'une fusion qu'elle redoute. Pour rester ce qu'elle a toujours été, elle accepte les conditions de misère et d'ignorance que les siècles précédens lui ont transmises. Elle s'y soumet avec joie, parce qu'elle y voit un signe de nationalité.

Les arts, l'industrie, ne peuvent faire des progrès au milieu d'un tel état de choses. Ils seraient proscrits s'ils étaient connus. On se borne au produit imparfait de quelques métiers, arriérés dans leurs procédés comme l'intelligence de la population qui les exerce.

Pour de l'esprit public qui suppose du raisonnement, pour du courage qui provient de l'exaltation de sentimens nobles, il ne faut pas en chercher là. L'état y trouve des sujets disposés à une obéissance passive ; il y lève les soldats dont il a besoin pour remplir les cadres de ses armées, et qui vont à la mort comme ils iraient à leur travail, sans savoir pourquoi, sans enthousiasme et même sans prévision du danger. Voilà à quoi se bornent les avantages qu'il en tire.

Malgré l'imparfaite éducation qu'il reçoit, des besoins qu'il est rarement en état de satisfaire, et un caractère peu rassurant de physionomie, le peuple transylvain n'a aucune disposition au crime. Il ne se livre ni au meurtre ni au vol ; et le mélange de religions ailleurs ennemies, mais au sujet desquelles il montre beaucoup d'indifférence, ne donne lieu à aucune manifestation de haine ni même de dissentiment.

XLIII

Coup-d'œil sur la Valachie.

—

J'étais bien près de la Valachie ; mais lors même que j'aurais eu la pensée de pénétrer dans cette province, et de céder à la tentation bien vive d'aller étudier l'étrangeté de sa civilisation, la nécessité de subir au retour les ennuis d'une quarantaine m'en aurait détourné. Je me suis donc borné à regarder en quelque sorte par dessus la frontière, et à recueillir les renseignemens suivans : je n'en garantis pas la complète exactitude ; mais la bonne foi des personnes qui me les ont fournis et la parfaite concordance de leurs rapports m'inspirent une entière confiance.

La civilisation de la Valachie est, avec les seules

variantes que les relations avec des peuples de mœurs et de religions différentes ne peuvent manquer de produire, telle que l'avaient faite les Scythes, premiers conquérans de cette contrée. Les Allemands, qui plus tard sont venus s'y établir, y forment un peuple à part, quoiqu'ils y soient de beaucoup les plus nombreux. Une langue commune, qui s'est formée du slave et du latin et a beaucoup d'affinité avec l'italien, réunit les deux races.

La manière de vivre des Valaques est peu différente de celle qui caractérise l'état sauvage. Ils ne connaissent ni les sciences ni les arts. C'est tout au plus s'ils ont quelques métiers, à l'absence ou à l'imperfection desquels ils suppléent par de l'adresse manuelle. Quant à leur religion, on ne la devine qu'à des pratiques grossières, sans raisonnement, sans but moral. Ils jeûnent de la manière la plus rigoureuse pendant à peu près la moitié de l'année, dans la vue de rendre le ciel favorable à leurs entreprises de quelque nature qu'elles soient, bonnes ou mauvaises, depuis l'agriculture et le mariage jusqu'au vol et à l'assassinat.

Leurs prêtres ne sont distingués par rien du reste du peuple dont ils partagent les travaux, l'ignorance et les vices, mais à qui ils vendent le plus cher possible, et en les marchandant comme un objet de trafic, leurs services et les actes de leur ignoble sacerdoce.

Les rites de cette religion dégradée auraient, dit-on, plus de rapport avec le judaïsme qu'avec le christianisme; et ils consisteraient presque exclusivement en pratiques absurdes.

Les enfans mâles sont employés à la garde des troupeaux, et les jeunes filles à la préparation de la soie.

Les hommes portent un pantalon de laine blanche, une longue veste d'étoffe de laine, un bonnet de peau de mouton, des pantoufles de peau non tannée.

Les femmes sont couvertes des épaules aux pieds d'une chemise sur laquelle elles placent une jupe ouverte sur les côtés et une espèce de robe. Elles se coiffent d'un tissu de paille et de crin qui ressemble à un chapeau. Des pendans d'oreilles et des colliers en faux or ou en cuivre, et qui rendent un son approchant de celui des grelots, annoncent au loin leur marche.

Elles sont très laborieuses. Elles travaillent même en marchant, et pour le faire plus commodément elles portent sur la tête tous les fardeaux, et jusqu'au berceau de leurs enfans. Leur occupation la plus habituelle est la filature au fuseau.

Comme chez tous les peuples approchant de

l'état sauvage, les enterremens s'accompagnent de cris, d'orgies et de danses.

Le vol et l'adultère ne sont comptés pour rien. Le meurtre au contraire entraîne du déshonneur et la réprobation universelle sur celui qui l'a commis, et cependant il est fort commun.

De tous les supplices, la corde est celui que les Valaques redoutent le plus, en raison de l'obligation où est l'ame de prendre pour sortir du corps une voie qui n'a rien de noble et de décent. C'est pour cela qu'ils préfèrent la roue à la potence. C'est un goût comme un autre; il est basé sur une considération si spécieuse, qu'on ne saurait le reprocher aux Valaques.

Le maïs, l'orge, le seigle et les pois sont les principaux produits de l'agriculture valaque. Des fruits récoltés sur des arbres qui n'ont pas été greffés on extrait une eau-de-vie qui procure une ivresse brutale. La nourriture consiste dans un pain sans levain cuit sous la cendre, des légumes, du lait et un peu de viande.

XLIV

Agriculture.

—

Le blé, le maïs, l'avoine, forment la base des cultures de la Transylvanie; on y élève des milliers de chevaux et de bœufs. Les derniers sont presqu'exclusivement employés au labourage qui s'opère au moyen d'une centaine de charrues réunies sur le même champ, et qui sont transportées sur un autre champ, lorsque la culture du premier est terminée. Les charrues sont très imparfaites et manœuvrées avec une extrême maladresse; elles pénètrent à peine à une profondeur de trois à quatre pouces, et laissent fréquemment des portions du sol telles qu'elles les ont rencontrées. On réunit le même nombre d'animaux pour le hersage. Le sol n'est jamais fumé. On brûle les engrais pour s'en débarrasser, et on ne conserve de paille que ce qu'en réclame l'entretien des bestiaux pendant l'hiver. L'été, les troupeaux parcourent les jachères, et s'y nourrissent des chardons, qui les couvrent comme pourrait le faire une récolte préparée.

Telle est la fécondité du sol, qu'il produit abondamment malgré une si absurde négligence. Confié à des cultivateurs intelligens, il rivaliserait de fertilité avec les plaines les plus riches du globe.

La vigne deviendrait une source incalculable de richesses, si ses produits pouvaient obtenir des débouchés. A mon avis, peu de contrées produisent des vins supérieurs à ceux de la Transylvanie, quoique la préparation en soit vicieuse. Le prix en est si peu élevé que la production se borne à ce qu'exige la consommation locale, laquelle est restreinte à la classe peu nombreuse des gens aisés.

La culture du premier occupe une place importante parmi celles de la Transylvanie. On extrait de la prune une eau-de-vie qui remplace pour le peuple la consommation du vin. Ce produit ne sort pas du pays. Il ne donne lieu à aucun échange, à aucun retour, à aucun commerce. Le peuple a un moyen de s'enivrer qu'il n'aurait pas sans cela ; quelques propriétaires acquittent avec cette pernicieuse denrée les salaires de leurs ouvriers ; voilà ce qui en revient aux uns et aux autres.

Les moutons sont l'objet de soins donnés avec autant de succès que d'intelligence. Encouragées par les bénéfices qu'elles procurent, l'amélioration des races et la multiplication des individus font de grands progrès. La laine s'exporte en Autriche, d'où elle se distribue dans les provinces où l'industrie sait l'employer.

Les cochons fournissent aussi à une exportation considérable, malgré la grande consommation qui s'en fait dans le pays.

La production des chevaux, dont la race est aussi bonne qu'elle est belle, est presque exclusivement réservée aux seigneurs et aux riches propriétaires, seuls en état de faire les avances qu'elle exige. Cette branche de l'économie agricole est une des principales sources de la richesse de la contrée.

Le Bannat est redevable à la création d'un canal de la prosperité de son agriculture ; la Transylvanie obtiendrait un semblable résultat de l'amélioration de la navigation du Maros, qui parcourt sa principale vallée et reçoit les eaux de presque toutes les autres, et qui, déjà navigable, le deviendrait davantage encore, si l'on faisait disparaître quelques obstacles qui embarrassent son cours. Cette voie établirait une communication avec la capitale de l'empire, par la Teisse et le Danube, et assurerait un débouché à des denrées actuellement sans valeur. Les provenances de la province la plus reculée de la monarchie pourraient ainsi soutenir la concurrence avec celles des contrées plus favorablement situées.

A défaut de la navigation, les routes seraient un moyen d'exportation. Ce moyen existe, mais avec toutes les imperfections qui peuvent en restreindre le bienfait. La Transylvanie est un pays de montagnes à longues ondulations, à pentes lentement inclinées, et dont les saillies s'agencent avec une sorte d'harmonie les unes dans les autres. Le tracé des routes devrait y être une opération facile, et cependant il a été fait contre toutes les règles de l'art, contre les plus simples indications du bon sens. Les routes attaquent les montagnes par leur côté le plus rapide, gravissent les points les plus élevés, et redescendent sans plus d'égard pour l'inclinaison du versant opposé. Les ingénieurs ont poussé l'ignorance au point de dédaigner les sentiers que, tout grossiers qu'ils étaient, les paysans avaient frayés avec un instinct qui leur tenait lieu de science, et qu'ils continuent de suivre afin d'obtenir des pentes moins raides. Ces sentiers prévalent tellement que, toutes les fois qu'une pente se présente, la route n'est marquée que par une ligne de chardons poussés entre les cailloux de son inutile empierrement.

XLV

Paysans.

—

Le paysan jouit de la terre qu'il cultive, soit à titre de fief, soit à titre de ferme. Il n'existe entre ces deux modes de concession d'autre différence que la durée. Du reste les conditions sont les mêmes; elles consistent dans l'acquittement des impôts de tous genres dus pour la totalité de la terre; dans l'obligation de consacrer une quotité déterminée de travail à la culture de la portion du sol que le propriétaire s'est réservée, et une autre à l'entretien des routes, et de solder annuellement une somme d'argent comme complément de la valeur locative des terres affermées.

Le paysan n'est pas attaché à la glèbe; sa position, à l'égard du seigneur, est celle du laboureur des autres pays à l'égard du possesseur de sa ferme. L'engagement qu'il contracte est libre : il peut le discuter, le modifier, le rompre à son gré suivant des formes déterminées, et aller s'établir où bon lui semble. C'est un fermier dans toute l'étendue de l'acception qui s'oblige à acquitter une portion quelconque des charges publiques supportées par son propriétaire, en déduction du prix de la ferme.

Je ne pense pas qu'il y ait au monde un pays où les constructions rurales exigent un moindre capital. Les maisons des paysans ne sont que de misérables huttes en clayonnage, sans cheminées, sans pavé, sans plafond, sans distribution intérieure, et dans chacune desquelles plusieurs familles habitent en même temps. Un tel genre d'existence ne peut s'expliquer que par une sorte de dépression morale, par un excès de misère, par une de ces nécessités qui étouffent toutes les considérations dans une sorte d'abrutissement.

Le malaise du paysan provient moins de l'insuffisance de ses ressources que du défaut d'ordre et d'intelligence dans son régime intérieur, et du manque d'emploi des économies qu'il pourrait faire.

Après avoir rempli toutes les obligatious qu'il a contractées pour tenir lieu du prix de location de la terre qu'il exploite, il lui reste plus qu'il ne lui faut pour couvrir les besoins, à la vérité fort restreints, de sa famille. Sa nourriture est abondante et pourrait être saine. Il ne serait pas si incommodément logé, s'il ne refusait pas obstinément d'habiter les maisons plus spacieuses et mieux distribuées qu'à diverses reprises on a tenté de lui construire ; il pourrait être mieux vêtu qu'il ne l'est, sans ajouter beaucoup à sa dépense. Un meilleur système lui permettrait d'accroître le nombre de ses bestiaux, lesquels sont sa propriété exclusive ; mais son ignorance et une sorte de découragement le détournent de la pensée d'étendre ce genre de spéculation dans lequel il est dirigé par une routine sans raisonnement : il ne saurait comment tirer parti de l'augmentation de sa fortune. Il ne peut acquérir, non parce que la loi lui en interdit la faculté, mais parce que le sol n'est pas assez fractionné pour que la division se prête à la modicité de ses facultés. Il ignore les combinaisons qui font croître les capitaux par l'agglomération des intérêts ; il faut donc qu'il thésaurise, qu'il enterre : et le peu qu'il accumule ainsi est sans influence sur son bien-être et celui de sa famille. Mieux vaudrait même pour la société qu'il l'a dissipât ; et c'est ce que son intérêt personnel d'accord avec ses passions le porte souvent à faire. Le cabaret est l'ignoble et pernicieux moyen de circulation de cet excédant de capitaux réunis par suite des privations imposées au reste de la famille; et c'est dans l'absence d'un meilleur mode d'emploi de ses économies que l'on doit chercher la cause principale du malaise bien réel de la classe agricole.

XLVI

Gouvernement.

La diète de la Transylvanie se compose de deux élémens pris l'un et l'autre dans le corps de la noblesse. Une partie de ses membres est choisie par l'empereur; l'autre est élue, pour une période déterminée, par une espèce de corps électoral composé de nobles de chaque comitat.

Le défaut d'éducation, l'état de pauvreté, la situation précaire d'un grand nombre de ces nobles que l'inscription de leurs noms sur d'anciennes tables de recensement, la porte de leur cour surmontée de quelques nids de pigeons, une douzaine de peupliers plantés devant leur maison [1], distinguent seuls de la classe des paysans, les placent sous l'irrésistible influence des seigneurs de qui ils tiennent à loyer des terres et reçoivent même des secours. « Un suffrage, » me disait un seigneur transylvain, « ne me coûte » souvent que deux ou trois fagots ou une » mesure de maïs, et les frais de transport au lieu » de l'élection de celui qui me le donne, et que » je jette sur une charrette à bœufs avec une dou- » zaine de ses pareils que j'envoie voter pour » moi. »

Une élection ainsi faite doit avoir pour résultat de ramener toujours aux affaires les mêmes individus, ou d'autres appartenant aux mêmes familles; et c'est à mes yeux un très grand avantage. Quoi que l'on puisse dire sur l'indépendance des élections, cette indépendance n'existe nulle part. Elle est détruite ici par de l'argent, là par l'éloquence, ailleurs par des promesses, des menaces, souvent de la violence. Dans quelles

---

[1] La porte des maisons des nobles transylvains d'ordre inférieur est surmontée d'une rangée de trous derrière lesquels sont des nids de pigeons. Quelques peupliers ombragent la maison.

mains l'éloquence place-t-elle le pouvoir ? dans celles d'hommes à théories, incapables d'en réaliser une seule. Aux dépens de qui se font les promesses ? aux dépens du peuple qui doit supporter la domination des ambitieux, et faire les frais des engagemens qu'ils ont contractés en salariant les places qu'ils se font donner. La violence, les menaces, qui les emploie, excepté des hommes dépourvus de tous moyens honorables de parvenir à leurs fins ? Dans l'impossibilité bien reconnue d'obtenir de quelque mode que ce soit des choix réellement libres, mieux vaut celui qui place le pouvoir là où se trouvent des garanties positives de la manière dont il sera exercé. Or ces garanties ne se rencontrent nulle part à un degré supérieur à celles que présente la propriété, surtout lorsqu'elle a été transmise par plusieurs générations entourées de l'estime générale. Je persiste donc à penser que, de tous les genres d'influence, le moins fécond en inconvéniens, dût-il descendre jusqu'à la corruption, est celui qui s'exerce par des hommes positivement unis aux intérêts de la patrie, fixés sur le sol, participant à tout ce qui peut en accroître ou en diminuer la valeur.

Les deux élémens dont se compose la diète ne forment qu'un seul corps. Ils votent et délibèrent ensemble.

La diète élit le gouverneur et les membres

du gouvernement. La première de ces nominations est à vie.

Elle vote l'impôt et fait au souverain les représentations qu'elle juge convenables sur l'état de la province.

L'usage de parler latin dans les diètes de Transylvanie et de Hongrie n'est plus de règle absolue. La langue hongroise a remplacé celle des Romains, au moins pour un grand nombre d'orateurs; mais les lois, les actes de la justice, les plaidoyers, sont encore rédigés en latin.

La direction donnée aux délibérations de la dernière diète ayant inquiété le gouvernement, ce corps a été dissous, et il n'a pas encore été reconstitué.

La Transylvanie est peut-être le pays qui acquitte l'impôt le plus léger, puisqu'une population de deux millions quatre cent mille ames ne paie qu'une somme de deux millions de francs.

La noblesse est censée ne pas participer à l'impôt; mais, en examinant la question, on reconnaît que ce privilége, loin d'être aussi exorbitant qu'il paraît l'être, n'est qu'une fiction plus favorable à l'amour-propre des nobles qu'à leur intérêt réel.

La presque totalité du sol appartient à la noblesse qui en loue une partie aux paysans, sous la condition d'acquitter les charges de toute nature qui pèseraient sur l'ensemble de la propriété. Il n'est donc pas littéralement plus vrai de dire que la noblesse transylvaine le participe pas à l'acquittement de l'impôt, qu'il ne serait que, dans un autre pays, le propriétaire en est exempt parce que ses fermiers le paient à sa place.

XLVII

Transmission des fortunes.

—

Les substitutions et les majorats ne sont pas admis par les lois de la Transylvanie. Les terres se partagent également entre les enfans, à l'exception cependant de certains domaines, du partage desquels les filles sont exclues. On a cherché à modifier l'inconvénient qui doit résulter de cette législation pour le maintien de la splendeur des familles, en rendant presque impossible l'aliénation des propriétés au profit de personnes étrangères à la famille du vendeur. Cette disposition n'a d'autre effet que de favoriser la mauvaise foi, d'anéantir le crédit et d'entraver les transactions qu'il provoquerait, sans prévenir la division du sol. On peut tout au plus aliéner temporairement. A l'expiration de trente-deux années, les membres de la famille du vendeur, quels qu'ils soient, quelque reculé que soit leur degré de parenté, ont le droit de rentrer dans la possession de l'objet vendu, en remboursant à l'acquéreur le prix principal et la valeur des améliorations qu'il a faites. L'appréciation de cette valeur donne lieu à d'interminables procès qui entretiennent dans un état de haine et de malaise les générations qui les soutiennent (car ces procès ne sont jamais terminés par les plaideurs qui les ont entamés), et ruinent celles qui les perdent. Tous les bons esprits appellent une réforme dans cette branche de la législation.

On ne peut transmettre ses propriétés par testament, ainsi que la faculté de rachat par les parens. Cette disposition est motivée sur ce principe que les terres des nobles devant faire retour à la couronne, à l'extinction des familles qui les possèdent, ce retour n'aurait jamais lieu si le droit d'aliéner par vente ou par donation était laissé au possesseur.

XLVIII

Klausembourg.

—

Pour me rendre d'Hermanstadt à Klansembourg, je traversai Karlsbourg. C'est une grande bourgade qui s'étend entre deux collines peu élevées, et dont je ne prendrais pas la peine de parler si un vieux donjon qui la dominait n'avait pas été la résidence des souverains de la Transylvanie; si une forteresse moderne mal tenue, comme le sont celles de cette partie de l'empire, ne remplaçait le château du moyen âge, et si elle ne renfermait un arsenal où l'on voit plusieurs drapeaux pris sur les Turcs, et des fusils qui ne paraissent pas devoir servir plus que les drapeaux, une église où l'on voit les tombeaux de Mathias Corvin et de plusieurs membres de sa famille, et un hôtel des monnaies où l'on convertit en pièces l'or et l'argent que produisent les mines de la province. On voulait me montrer un cachot où avait été enfermé le chef de ces paysans qui, au commencement du siècle dernier, s'étaient révoltés contre leurs seigneurs et portés à tous les excès que leur brutale imagination avait pu inventer. On me promettait le récit des tortures atroces qu'il avait subies et qui n'étaient que la répétition de celles auxquelles il avait soumis ses victimes. Il n'y avait dans tout cela rien qui dût m'engager à prolonger ma visite. Par politesse, je me hâtai de voir ce que l'on tenait à me montrer, et je continuai ma route.

La vallée que je suivais en remontant le cours du Maros était aussi peu variée que la partie que j'en avais déjà vue quelques lieues plus bas. C'était la même étendue sans habitations, la même absence de végétation sur les collines. Seulement quelques villages étaient entourés de grands arbres. La route se détourne et s'engage dans une chaîne de montagnes qui ont tout l'aspect d'un désert. Elles ne présentent ni une chaumière, ni un coin de terre cultivée, ni un arbre, ni même un buisson. Des bœufs, des moutons, des chèvres, quelques pâtres couverts de pelisses, animent seuls cette attristante contrée, qui m'a semblé manquer de soin plus que de disposition à produire, car le sol paraît être de bonne qualité.

Sur leur versant opposé, ces montagnes étaient chargées de belles récoltes, et la plaine qui s'étend de leur base à Torda n'est pas moins fertile.

Torda est encore un de ces amas de hideuses baraques mal alignées sur les deux côtés de cloaques appelés des rues, qu'en Hongrie et en Transylvanie on nomme des villes. Il y a là un dépôt du train d'artillerie, et dans le voisinage une mine de sel que l'on voulait me faire visiter. J'ai déjà exprimé mon peu de goût pour ce genre d'exploration. Sur parole, j'ai tenu la mine de *** pour une merveille, et j'ai poursuivi ma route vers Klansembourg.

Si les cabanes des paysans transylvains ressemblent aux huttes des insulaires de la Polinésie, si les cultures négligées de leurs coteaux rappellent celles des pays encore dans l'enfance de la civilisation, les cimetières ne détruisent pas cette similitude. Comme les *Morais* d'Othaïty, ce ne sont que des espaces sans clôture, sans limites déterminées; des espèces de voieries où l'on jette des morts et où paissent des bestiaux attachés à quelques croix qui surgissent parmi un plus grand nombre de pierres plates posées de champ sur l'exhaussement des tombes. Lorsqu'à ce paysage d'une nature sauvage se joint l'épisode d'une tribu zingare groupée avec ses enfans nus, ses chiens glapissans, ses informes bagages; lorsque l'on voit ces peaux vineuses, ces longs cheveux plats, cet air farouche, ces vêtemens étranges, cet effrayant dénuement, on sent se compléter l'idée vers laquelle on est entraîné, que l'on a été soudainement transporté loin, bien loin, dans une de ces contrées qui ne sont connues que par les récits incertains de quelques voyageurs. Maintes fois je me suis surpris doutant du lieu où je me trouvais et laissant mon imagination me persuader que j'étais dans les steppes de l'Ukraine ou dans une vallée de la Nouvelle-Hollande, et faisant, grâce à la scène qui favorisait son essor, un long et périlleux voyage sans fatigue et sans peur.

A peu de distance des villes où s'exécutent les sentences capitales, le gibet occupe toujours une position élevée, un de ces sites panoramatiques d'où la sévérité de la justice puisse apparaître au loin et porter une salutaire épouvante dans l'ame des pervers.

Près de Torda, je remarquai deux de ces tristes monumens symétriquement élevés l'un près de l'autre. Mes postillons, interrogés par mon interprète sur la cause de ce luxe inaccoutumé de potences, lui dirent : « C'est bien dommage » que vous ne soyez pas arrivés quelques mois » plus tôt, vous auriez vu là sept pendus. C'était » fort drôle : ils se sont décrochés d'eux-mêmes; » leurs os sont au pied des gibets. Si vous voulez

» nous donner un swantzig, nous allons vous y
» conduire : le chemin n'est pas mauvais. » On
me traduisit cette engageante proposition, que je
n'eus garde d'accepter. Jamais je ne me sentis
une telle disposition à faire l'économie d'un
swantzig.

Je voyageais depuis deux heures dans ce désert
dont j'ai parlé plus haut, lorsque, parvenu à une
échancrure qui sépare deux montagnes, je vis se
développer devant moi une perspective sans
bornes, comme un océan de terre, dont les
vagues longues et inégales se déroulaient en
collines, en montagnes, en vallées, en profonds
abîmes. Rarement une étendue de verdure appa-
raissait comme une île, ou une maison isolée
comme une nacelle. Ces collines sans végétation,
ces montagnes chauves s'azuraient en s'éloignant
et se perdaient dans un ciel vaporeux, à travers
lequel l'œil ne savait plus rien distinguer. La
vue manquait à l'espace plus que l'espace à la
vue ; et dans cette immensité, pas un point ne se
présentait assez distinct pour attirer les regards,
assez important pour exciter l'intérêt ou seulement la curiosité. Je ne trouvais pas une question
à faire. Cet interminable horizon me prit moins
de temps à parcourir que ne l'eût fait une perspective d'une lieue qui se fût présentée avec des
objets bien distincts; une fabrique, un groupe

d'arbres, une rivière, une cabane, quelques uns de ces hasards que l'on ne devine pas, que l'on ne cherche pas, et que l'on est heureux de rencontrer.

A une lieue de moi, dans l'enfoncement d'une des ondulations de cette vaste plaine, j'apercevais une place rougeâtre : c'était Klausembourg. Une route passablement développée me conduisit vers cette ville par une pente peu rapide [1].

Klausembourg est percée de rues fort larges et passablement alignées. Sur une place immense, dans un coin de laquelle s'élève la cathédrale, on voit la façade du palais habité par le gouverneur militaire de la province. Quelques autres maisons spacieuses, quoiqu'à un seul étage, forment l'ornement des principales rues, où l'on voit circuler un assez grand nombre de voitures élégantes presque toutes attelées de quatre chevaux. Cette ville, siège du gouvernement et de la diète de Transylvanie, est la résidence d'une grande partie de la noblesse de la province.

Admis dans plusieurs des salons où se réunissent

---

[1] Le dernier ressaut des montagnes entre Torpa et Klausembourg présente le phénomène de blocs d'un grès tendre, parfaitement ronds et dont le diamètre varie d'un à trois pieds. Ces blocs sont élaborés dans une couche épaisse de sable gris qui fournit en même temps des puddings de silex réunis par une espèce de ciment presqu'aussi dur que les pierres qu'il renferme.

les sommités sociales, j'ai pu juger du degré qu'avait atteint la civilisation. Là un étranger peut se croire à Paris, à Londres, à Vienne : ce sont le même ton, les mêmes entretiens, une mise semblable ; la langue française est familière à tout le monde. Grace à quelques évènemens que personne n'ignore, à quelques noms universels, à quelques anecdotes qui ont pénétré partout et dont chacun peut causer à Hermanstadt et à Klausembourg, comme à Rome et à Londres, on a des sujets de conversation au moyen desquels personne ne semble être d'un pays différent. La société des contrées que je parcourais ne me paraissait être arriérée que sur un point, et j'aurais bien mauvaise grace à lui en faire un reproche. Par un raffinement d'extrême politesse, elle me traitait comme si plusieurs années n'avaient point passé sur ma fortune politique; comme si une révolution n'avait pas fait du ministre un proscrit : c'eût été pour moi à s'y tromper, si l'habitude d'être en garde contre les surprises de la flatterie, au temps de la prospérité, ne m'avait rendu la défense facile au temps du malheur ; mon seul mérite était d'être encore un objet nouveau dans ces contrées reculées. L'effet produit par ma position politique n'y étant pas usé, la sympathie pour m'accueillir, la curiosité pour me voir, m'ouvraient les portes ;

grace à elles j'avais accès partout, et partout je trouvais de l'intérêt et la plus exquise urbanité. Je jouissais donc, mais sans me faire illusion, de ces égards auxquels une bienveillance délicate mêlait le souvenir de ma situation passée pour relever ma situation présente; en même temps, on ne négligeait rien de ce qui était propre à me persuader que quelque considération pour ma personne n'était pas étrangère aux marques d'estime qui m'étaient prodiguées. Ainsi, en faisant revivre des titres depuis long-temps anéantis, on me parlait, en l'exagérant, de la participation que j'avais prise à l'évènement glorieux qui a terminé le règne du souverain auquel j'avais voué mes services; et je n'entrais pas dans un salon sans apercevoir sur une table quelques uns de mes ouvrages ou leurs traductions, parmi d'autres livres, mais placés de manière à ce que je les visse; on m'en parlait, on semblait désirer que je consacrasse quelques lignes à la contrée qui se montrait si hospitalière pour moi.

Ma reconnaissance devançait ce vœu : pourrait-elle ne pas éprouver le besoin de s'épancher? pourrait-elle se taire sur l'accueil qui m'a été fait à Temeswar, à Mehadia, à Hermanstadt, à Klausembourg, dans les châteaux où j'étais invité à m'arrêter? pourrait-elle passer sous silence ces réceptions qui, par leur grace, me rappelaient la *France;* par leur hâtive affection me faisaient croire à une ancienne amitié, et auraient presque porté l'illusion jusqu'à la pensée de la famille, si quelques jours de plus s'étaient écoulés? Oublier mes hôtes de Transylvanie! jamais. J'ai la plus fidèle de toutes les mémoires : la reconnaissance[1].

Ce n'est pas dans la ville seule que s'est renfermée l'hospitalité dont on me rendait l'objet : plusieurs châteaux des environs me furent ouverts, et j'y fus reçu avec la même bonté, la même grace; l'empressement que l'on mettait à me donner les moyens de les visiter ne me laissait que l'embarras d'une préférence.

Dans plusieurs de ces châteaux j'ai rencontré des personnes que j'avais connues dans mes voyages. Je n'avais remarqué alors que ce que leur esprit avait d'aimable : j'ai pu reconnaître là ce que leur cœur renfermait d'excellent. Je n'ose croire qu'il y eut de l'affection au fond de l'accueil qu'ils me faisaient : ce dont je suis certain, c'est qu'il s'en mêle à ma reconnaissance.

On se ferait difficilement une idée du luxe, du

---

[1] On se tromperait si l'on voyait dans ces détails qui me sont personnels l'intention de faire tourner au profit de mon amour-propre l'accueil qui m'a été fait en Transylvanie. Je peins les mœurs autant que je puis le faire; et c'est pour faire connaître celles de cette contrée que je parle de la manière dont les classes élevées savent faire les honneurs de leur pays à un étranger et à un proscrit.

faste même, qui se sont introduits dans ces habitations de campagne si simples à l'extérieur, que l'on a peine à les distinguer de celles réservées à des fortunes et à des positions médiocres. Les antichambres sont remplies de laquais en riches livrées ; aux repas, on fait circuler des plats fort recherchés et en plus grand nombre que ne pourrait en recevoir la table sur laquelle ne figurent que des assiettes de dessert et des vases de fleurs. Le dîner est presque toujours suivi d'une promenade : les voitures destinées aux promeneurs sont attelées de quatre beaux chevaux, souvent de six ; la tenue des cochers, des postillons et des laquais est aussi soignée que s'ils devaient conduire leurs maîtres à la cour un jour de gala ; à chaque instant on a lieu de s'étonner des prévenances des laquais, de leur adresse à s'élancer d'un bond, et sans s'appuyer sur rien, du siége le plus élevé à terre, soit pour recevoir un ordre qui va leur être donné, soit pour saisir les rênes d'un cheval qui obéit mal, ou pour soutenir la voiture qui menace de verser.

La promenade est interrompue par un goûter préparé sur un côteau, au milieu d'une prairie, à l'ombre d'un arbre ; elle recommence et se dirige vers un groupe de quelques centaines de jumens et d'élèves. Au retour, et avant de rentrer dans le salon, on s'arrête sous la galerie à colontiés qui règne sur toute la façade de la maison. Un bruit semblable à celui du tambour se fait entendre dans un vaste bâtiment qui forme un des côtés de la cour : il est produit par le trépignement, sur les planches de l'écurie, d'un fougueux étalon que deux palefreniers en vestes galonnées, en bottes bien cirées, tiennent avec un bridon en laine et à gros glands rouges, bleus ou jaunes; après plusieurs bonds qui attestent sa vigueur, et à la voix de l'écuyer qui dirige le service, le fier animal se pose, étend ses jambes pour mieux faire ressortir la régularité de ses formes, indique son impatience par son regard, par le grincement de ses dents contre le mors qui le retient, par le mouvement de son pied sur le sol. Lorsqu'il a été suffisamment admiré, il part, toujours tenu par les deux palefreniers; des bonds en apparence désordonnés marquent les premiers tours qu'il fait; bientôt il se calme et développe tous les moyens dont il est doué, aux différentes allures qui lui sont demandées. Rentré dans sa stalle, un autre étalon est amené; dix, douze de ces animaux se succèdent ainsi : chacun d'eux excite une progression d'admiration et d'éloges, grace au soin que l'on ne manque pas d'avoir de ne les montrer que dans l'ordre ascendant de leur supériorité.

Si l'on veut juger des résultats obtenus au

prix de tant de persévérance et de frais, on entre dans un manège couvert, et d'une tribune élégamment décorée on assiste aux exercices auxquels on soumet les jeunes chevaux. On les voit exécuter de difficiles évolutions, franchir des barrières, entendre sans s'en effrayer la détonation des armes à feu et le bruit du tambour, avancer sur des drapeaux que l'on agite devant eux ; au sortir du manège, déployer leur vitesse dans un hippodrome, sous la direction d'un enfant de douze ou quinze ans qui les monte sans selle.

On rentre enfin dans le salon. On joue, on cause en allemand, en hongrois, en valaque, en italien, en français, que tout le monde parle comme sa langue maternelle, mais de préférence dans la langue la plus familière à l'étranger que l'on fête, et après le souper chacun remonte dans sa voiture et regagne sa demeure sans s'inquiéter ni d'une distance de plusieurs lieues, ni du mauvais état des chemins, ni de la fougue des chevaux, ni de la rapidité que leur imprime un cocher qui se fait un point d'honneur de ne jamais ralentir leur course.

XLIX

Route de Klausembourg à Gross-Wardein, Debretzin; Pest.

—

La route, qui à sa sortie de Klausembourg suit une vallée large et bien cultivée, ne tarde pas à s'engager dans des montagnes boisées et d'un aspect gracieux, dont elle suit les sinuosités pendant dix ou douze lieues. Quelques grands villages dans lesquels on remarque des maisons passablement bâties au milieu des chétives cabanes de paysans et des huttes des Zingares occupent les vallons qui se prêtent à quelque culture. Du col de l'Eckéteto, qui sert de limite entre la Transylvanie et la Hongrie, on domine une magnifique vallée, dont les deux côtés vont toujours en s'élargissant, jusqu'à ce que leurs collines s'affaissent et finissent par se confondre avec le plateau de la Hongrie. Cette vallée était couverte de belles récoltes ; sa végétation est vigoureuse et bien groupée ; ses habitans semblent être moins misérables que ceux des contrées que l'on vient de traverser.

Lorsque je voyageais sur cette route, c'était un jour de marché de Gross-Wardein ; des convois de plusieurs centaines de chars traînés par deux bœufs revenaient de la ville et ralentissaient ma marche par l'encombrement qu'ils occasionnaient, malgré l'empressement des conducteurs à me céder le milieu de la chaussée. La nuit me surprit avant que j'eusse pu gagner la ville. Je dus à cette circonstance un genre de spectacle que je ne crois pas avoir trop payé par un retard de quelques heures. Les voituriers qui se trouvaient à une trop grande distance des villages auxquels ils appartenaient, pour y rentrer dans la soirée, s'écartaient de la route et se rangeaient en cercle, par bandes de huit à dix, dans un champ voisin. Le lieu de la station était ordinairement déterminé par la proximité de quelque meule de paille qui devait fournir un supplément au foin porté dans les chars pour la nourriture des bœufs, et un moyen d'alimenter un grand feu. Les bœufs paissaient ou étaient couchés près des chars. Dans le centre du cercle, la lueur vive et brillante du foyer éclairait une cinquantaine de figures toutes pittoresquement posées. Quelques Hongrois debout se faisaient remarquer à leurs énormes chapeaux ronds, à la pelisse de peau de mouton noire qui les enveloppait. Des femmes accroupies faisaient griller des tranches de lard suspendues à l'extrémité d'un bâton, à un feu que des enfans ravivaient en y jetant des brassées de paille. Lorsque la clarté s'étendait sur les chars, on distinguait des paysans dormant étendus sur leurs pelisses entre les roues. La route était éclairée sur une grande distance par les feux de ces bivouacs dont l'effet était un des plus étranges que j'eusse jamais observés.

J'arrivai fort tard à Gross-Wardein. Ce ne fut que le lendemain que je pus voir ce qu'un incendie récent avait épargné de cette ville, c'est-à-dire la portion qui se trouve sur la rive droite du Koros. Peu de jours avant mon passage, l'autre partie avait été entièrement détruite par un feu renouvelé trois jours de suite ; les deux premiers, par l'effet du hasard et d'une imprudence ; le troisième, par l'atroce curiosité d'un enfant qui, mécontent du refus que lui avaient fait ses parens de le laisser jouir du spectacle du terrible fléau, avait incendié leur propre maison pour se le procurer. Le feu, trouvant dans les toits en planches ou en roseaux des édifices un moyen de se propager, avait en peu de minutes embrasé toute la ville, sans que l'immensité des places et des rues pût ralentir son action. Là où avaient existé plus de sept cents maisons, on ne voyait plus que des pans de murailles, et des cheminées. Les toits, les distributions intérieures, les meubles, tout avait été détruit.

Au milieu de la ville embrasée se trouvait une vieille citadelle dont l'un des bastions renfermait un magasin à poudre. Une caserne, qui occupait le centre de la place, brûlait, et le vent portait avec violence la flamme contre la porte en bois de la casemate où était le redoutable dépôt. Quelques soldats sous les ordres d'un officier se placèrent entre le foyer très rapproché de l'incendie et le magasin ; malgré la chaleur et la fumée qui les suffoquaient, malgré l'impossibilité de se procurer de l'eau pour garantir la porte, et sans autre ressource pour éteindre le feu qui y prenait à chaque instant que leurs habits dont ils faisaient des tampons, ils sont restés à leur poste tout le temps qu'a duré le danger. J'ai vu la porte calcinée du magasin ; j'aurais voulu pouvoir y lire les noms des braves qui ont arrêté les progrès du feu et sauvé les deux villes d'un désastre qui aurait anéanti la plus grande partie de leur population.

Lorsque je visitai cette malheureuse cité, les

habitans étaient baraqués dans ce qui était resté debout de leurs maisons, et à l'abri de quelques planches réunies en forme de toits.

Les maisons des deux villes n'ont qu'un rez-de-chaussée, quelques unes sont vastes; mais je n'ai pas remarqué que l'on ait tiré parti de l'espace dont on disposait, pour les entourer de jardins.

Les rues de la ville brûlée ne sont que d'immenses cloaques dans lesquels on n'a pas même la ressource de pouvoir chercher où poser le pied. La surface en est couverte de fumier ou d'une boue profonde. Quelques voitures qui y stationnent offrent un moyen de les traverser aux gens qui craignent de se crotter. J'ai vu des femmes bien mises parcourir ces rues sans autre précaution que des bottes qui montaient jusqu'au genou, et dont on pouvait apprécier la hauteur, grace à la manière dont les jupes étaient relevées. Les femmes du peuple, n'ayant ni bas ni souliers qu'elles craignent de salir, ne prennent pas la peine de choisir leur chemin; elles vont à la boue avec une remarquable intrépidité.

L'autre partie de la ville a quelques rues pavées.

De toutes les villes de la Hongrie, Gross-Wardein serait celle dont je détesterais le plus le séjour. Je fus d'autant moins tenté d'y rester que le choléra venait de s'y déclarer avec violence. Cette maladie me faisait l'effet d'une seconde proscription qui m'éloignait des pays où je cherchais un asile, comme la première m'avait chassé de la France.

De Gross-Wardein à Pest, on parcourt quatre-vingts lieues d'une plaine plate, sans autres arbres que les acacias qui bordent les villages, sans autre mouvement que la marche lente de quelques chars ou de quelques troupeaux de vaches et de moutons errant à l'aventure et couchant au grand air ainsi que leurs gardiens. Le linge n'est pas pour ces derniers un objet de dépense. Les peaux de deux ou trois brebis, auxquelles ils ne font subir d'autre préparation que de les faire sécher au soleil et de les enduire de graisse pour les assouplir, leur tiennent lieu de chemises ; on peut juger de la recherche de goût et de propreté qui règne dans leur toilette.

Les directions que l'on doit suivre sont indiquées par de longues poutres placées en travers au dessus des puits creusés, comme dans les déserts de l'Afrique, sur le passage des voyageurs. Ces poutres ressemblent à des télégraphes correspondant les uns avec les autres et s'agitant pour transmettre une importante nouvelle. Hors ces objets, rien n'interrompt l'accablante monotonie de ce sol inerte, qui même ne produit pas assez d'herbe pour varier la couleur grisâtre de natron qu'il transsude.

Quelquefois cependant, le matin et le soir surtout, l'horizon prend l'apparence d'une ceinture d'eau. On aperçoit ici un lac dans lequel se reflètent un clocher, des arbres, des maisons ; là un fleuve sur lequel des barques semblent stationnaires. L'imagination n'est pour rien dans cette décoration inattendue. Les yeux la voient bien ; ils en saisissent les détails ; mais quelques instans, quelques pas, un nuage qui amortit l'éclat du soleil, une inflexion de terrain qui dérange le rayon visuel, la circonstance la plus insignifiante, suffisent pour faire disparaître la fantastique vision, jusqu'à ce que, se reproduisant plus loin, elle emprunte un aspect différent du hasard qui la renouvelle.

Dans d'autres pays, j'avais eu l'occasion d'observer des effets de mirage ; mais jamais ils ne s'étaient accompagnés de cette apparence de réalité qui, tout prévenu que j'étais, faisait de continuelles surprises à mon jugement. J'ai été redevable à ce phénomène de la substitution de points de vues variés à ce plat horizon qui, de Debretzin à Pest, glisse ordinairement devant le voyageur, sans rien offrir à sa vue qui lui promette une jouissance en compensation d'une marche pénible.

Pendant la moitié de l'année, cette contrée est couverte d'eau. Lorsque je la parcourais, l'eau avait disparu, mais non l'humidité. Les roues de ma voiture enfonçaient à une profondeur de plusieurs pouces dans une boue noire et compacte, et six de ces petits chevaux, qui, à la vérité, ont plus de vitesse que de force, avaient peine à soutenir une marche lente et saccadée. Ces six chevaux, conduits par un seul postillon, formaient ce que l'on appelle un attelage à la hongroise ; deux étaient fixés à l'avant-train ; les quatre autres au timon et de front. La plupart des chariots de paysans sont attelés de cette manière. On voit souvent quatre chevaux de front traîner une voiture élégante.

Parmi ces villages que leur immensité fait appeler des villes, je dois citer Debretzin que je traversai à vingt lieues de Gross-Wardein. Une grande foire y avait attiré la population entière de la contrée. Hommes, femmes, enfans, tous étaient dans leurs habits de fêtes ; et c'était un spectacle fort curieux que cet assemblage de costumes variés, et qu'à défaut de goût leur bizarrerie rendrait remarquables ; la plupart des femmes portent sur des corsets de drap rouge, avec des manches de couleurs tranchées et des jupes de drap bleu, une profusion de rubans de toutes les nuances. Des bas en laine rouge sortent de bottines de cuir jaune. La coiffure se compose d'un fichu plié carrément, et dans le sens de la longueur; l'un des bouts tombe sur le front, l'autre s'étend en forme de voile sur le derrière de la tête et les épaules.

Les hommes sont moins recherchés dans leur toilette. Un lourd surtout d'étoffe de laine blanche, un pantalon de toile, un chapeau rond à bords relevés, voilà le costume vulgaire. Quelques uns portent une veste ronde et une culotte courte, par dessus laquelle la chemise tombe en forme de jupon.

Je parcourus la plaine où se vendaient les chevaux. Ces animaux, dans un état à peu près sauvage, sont amenés par troupeaux et renfermés dans des parcs semblables à ceux qui servent à recevoir les vaches dans le reste de l'Europe. Les acheteurs les examinent de loin; car il serait dangereux de tenter de les approcher. Lorsque leur choix est fait, on s'occupe de la livraison, et cette opération n'est pas sans difficulté. Le moyen essayé le premier consiste dans une corde fixée à l'extrémité d'une longue perche et terminée par un nœud coulant que l'on tâche de passer au cou de l'animal. Lorsque l'on n'y parvient pas, on emploie le même procédé pour saisir les jambes. Le plus difficile est de le séparer du troupeau. Souvent on est obligé de le jeter à terre et de le traîner hors de l'enceinte. On fixe son licol à la tête d'un cheval dompté, et on l'emmène comme on peut, non sans s'exposer à de nombreux coups de pieds, non sans une résistance qui souvent ne peut être surmontée qu'en recourant à la starvation.

De Debretzin à Pest on rencontre plusieurs villages qui sembleraient ne devoir pas appartenir à la Hongrie, tant ils se distinguent par l'ordre de leur intérieur et la culture qui les environne. Ce sont des colonies allemandes créées par Marie-Thérèse. Rien n'a été changé depuis la fondation, les pignons des maisons soigneusement blanchies s'alignent sur des rues qui se coupent à angles droits. Chaque maison a une cour que forment la maison voisine, les bâtimens accessoires de l'habitation, et, du côté de la rue, une haie en clayonnage. Au milieu du village, sur la place ou à l'extrémité d'une large rue, s'élève l'église. Une rangée d'acacias forme de chaque côté de la rue un trottoir entretenu avec soin.

Les colonies ont un air exotique. On dirait des découpures plaquées sur un fond pour lequel elles n'avaient pas été faites, et avec lequel rien ne les lie.

La population de ces villages ne se mêle pas avec celle des villages hongrois. Elle a conservé son type de physionomie, sa langue, sa religion, son costume, tout ce qu'elle avait apporté de la patrie qu'elle quittait. Son sort, quoiqu'évidemment plus heureux que celui des populations indigènes, n'engage pas celles-ci à modifier leurs habitudes. A côté de ces voisins si bien vêtus, si propres, si intelligens dans leurs procédés agronomiques, les Hongrois conservent les pelisses de peau de moutons qui les couvrent en été comme en hiver, leur repoussante saleté, leur agriculture du temps des Huns. Ils souffrent de la faim lorsque la récolte de maïs manque, parce qu'ils se refusent à faire usage de la pomme de terre qu'ils appellent *mets des Allemands;* et leurs bestiaux meurent par centaines, lorsque les marais qui leur fournissent une chétive nourriture sèchent avant d'avoir produit les roseaux qui tiennent lieu de fourrage, parce qu'ils ne veulent pas adopter la culture des prairies. Près d'un siècle s'est écoulé depuis l'établissement des colonies allemandes; et pas un de leurs usages n'a pénétré, même par exception, dans les villages hongrois.

Que l'on vienne parler de l'influence de l'exemple sur l'éducation des peuples!

L

Pest et Bude.

La route à peine tracée plusieurs lieues avant Pest, cesse entièrement aux approches de cette ville. Elle se perd dans une plaine de sable mouvant à travers laquelle on cherche sa trace sur les points où l'on suppose que le sol présentera plus de consistance. On entre enfin dans la rue large et bien pavée d'un vaste faubourg, et bientôt dans les rues animées de Pest.

Sur l'une et l'autre rive du Danube, s'élèvent deux villes que réunit un pont de bateaux. Pest, qui occupe la gauche du fleuve, termine une plaine qui s'incline vers la ville ; sur la droite, Bude couronne le sommet autrefois fortifié d'une colline peu élevée, dont le pied sert d'emplacement à des faubourgs tellement étendus qu'une de leurs rues borde le Danube sur une distance de près de deux lieues.

Des inscriptions romaines attestent l'antiquité des deux villes habitées dans le moyen âge par les rois de Hongrie. Fréquemment ravagées par les Turcs, elles doivent à leur heureuse situation et leur conservation et leur accroissement. Pest cependant l'emporte sur Bude. De cent quarante mille ames dont se compose la population des deux cités, la première en renferme plus des trois quarts. Elle est la ville la plus considérable de la Hongrie. Sa centralité relativement à ce royaume, son heureuse situation, la facilité de ses communications avec l'Allemagne et la Turquie, tout favorise les progrès de son commerce et de son industrie. Aussi la voit-on s'embellir et croître d'une manière sensible.

Cet aspect agréable dont est frappé l'étranger qui visite Pest, n'est dû qu'à l'ordre qui règne dans les constructions particulières, toutes faites en pierres assez dures, dont la belle couleur grise ne s'altère jamais; toutes soumises pour les alignemens, pour le système extérieur d'architecture même, au contrôle d'une commission spéciale. Grace à cette institution, cette ville est devenue l'une des plus remarquables de l'Europe. La plupart de ses rues présentent des édifices élégans, sans que l'intérêt particulier souffre de la contrainte qui lui est imposée ; les modifications apportées aux plans étant toujours combinées d'après la pensée qui a présidé à leur rédaction et renfermées dans la limite des dépenses prévues. Ce contrôle n'est en quelque sorte qu'un moyen de conciliation entre l'intérêt public et l'intérêt privé.

Si l'on excepte un édifice construit et destiné par Charles VI aux invalides de l'armée, et maintenant converti en caserne, on ne remarque à Pest aucune construction qui ait un caractère monumental. Les églises toutes anciennes ont les défauts de l'architecture de l'époque où elles ont été bâties ; et la piété des époques subséquentes n'a pas cherché à modifier par ses largesses les vices de leur construction. On s'est montré plus généreux à l'égard d'un théâtre récemment élevé sur des proportions vastes et régulières.

Malgré la facilité qu'une plaine dont le sol a peu de valeur présenterait pour la création de promenades plantées, ce genre d'embellissement manque encore à la ville de Pest. Quelques arbres épars sur les bords du Danube, quelques autres alignés sur les côtés de la route de Vienne, voilà ce qui tient lieu de cet accessoire que l'on ne manque pas de créer dans toutes les villes où l'on songe aux plaisirs de leurs habitans.

Une université dirigée par des professeurs distingués donne à la ville une grande importance sous le rapport des lettres et des sciences. Une riche bibliothèque et un musée d'histoire naturelle ajoutent aux moyens d'instruction que possède cet établissement.

Un pont de bateaux réunit Bude et Pest. Le Danube doit avoir à ce point une largeur de deux mille pieds; mais ailleurs cette largeur varie en raison des îles dont son cours est parsemé : l'effet admirable qu'elles produisent est complété par celui des montagnes qui, à de grandes distances, terminent l'horizon.

Bude étale ses palais sur un amphithéâtre de collines que domine le palais du gouvernement. Comparée à Pest, cette ville produit l'effet d'un contraste : il semble que l'on ait voulu rapprocher, pour en faire la comparaison, le mouvement commercial de la gravité féodale, l'activité de l'industrie du calme de la propriété, l'époque et les mœurs modernes de celles du moyen âge. Bude, résidence de la noblesse hongroise, ne voit circuler dans ses rues que des équipages de luxe. L'été, ce genre d'animation lui manque : ses riches habitans lui préfèrent le séjour de leurs terres. Lorsque je la visitai, elle avait presque l'apparence d'une cité abandonnée; les palais déserts déposaient seuls du genre de population qu'elle renferme : à la richesse de leur architecture, à l'espace qu'ils couvrent, on devinait qu'ils n'étaient habités que par des hôtes plus occupés des moyens de dépenser que du soin de thésauriser. Les habitudes de leurs possesseurs pouvaient être étudiées dans leurs vastes et somptueuses distributions.

Le palais impérial, reconstruit presque en entier par Marie-Thérèse, diffère de la plupart des résidences de ce genre. On voit que, sans perdre de vue ce que réclamait la représentation, on n'a pas négligé ce que conseillaient le bon goût et l'habitude du comfort. De ses fenêtres, de ses terrasses, la vue, s'élançant au delà de Bude et de Pest, parcourt les vastes plaines de la Hongrie, la ceinture de montagnes qui les borde, et une vaste étendue du cours du Danube, qu'embellissent ses îles couvertes de beaux arbres et ses villages flottans [1].

Pour compléter la différence entre les deux villes, Bude possède plusieurs églises d'autant plus remarquables pour un étranger qu'elles n'ont aucun des caractères que l'on est accoutumé de rencontrer dans ce genre d'édifices; il semblerait qu'elles ont été bâties par les Turcs pendant leur domination sur la ville. On s'attend,

---

[1] Les moulins destinés à la préparation des farines pour l'approvisionnement de Pest et de Bude sont réunis par groupes nombreux sur le Danube et forment de véritables villages.

chaque fois que l'heure sonne, à voir un iman apparaître sur leurs tours carrées, à plusieurs étages, et que termine un toit à ressauts ovoïdes couvert en fer blanc et surmonté d'une aiguille prolongée.

Bude et Pest ne sont pas sans quelque ressemblance avec les deux cités d'Édimbourg. En Écosse, comme en Hongrie, on voit deux villes : l'une, ancienne, placée sur une montagne et descendant ses maisons jusqu'au fond des vallons qui l'entourent; l'autre, toute jeune, surgissant sur un plan régulier, adoptant tout ce que réclament les besoins d'une civilisation avancée; la première adossée à des montagnes qui s'éloignent en s'échelonnant, la seconde terminant une surface unie; communiquant entre elles par des ponts, avec cette différence qu'ici le pont traverse un grand fleuve, et que là il domine un ravin sans eau; dans les deux pays la ville ancienne conserve l'aspect et quelque chose de l'habitude et des mœurs de l'époque de sa fondation, tandis que la ville nouvelle prend les formes, les goûts et les besoins de l'époque moderne.

On songe à substituer un pont permanent au pont de bateaux, souvent interrompu par suite des débâcles de glaces, qui fait communiquer les deux villes. J'ai vu des plans magnifiques; mais, s'il faut le dire, mon admiration a été comprimée par la pensée que les millions qui vont être employés à rendre plus facile une communication de quelques centaines de toises recevraient une application plus utile s'ils servaient à faire de nouvelles routes ou à réparer celles qui ont existé. Cette ville de Pest si somptueuse, si rapide dans son accroissement, n'a pour accès que des landes sablonneuses, sur l'immensité desquelles le voyageur choisit la direction qu'il croit être la moins mauvaise. Impossibles pendant plusieurs mois de l'année, ses relations avec l'intérieur du royaume sont fort difficiles pendant le reste. Avant de faire du luxe, on doit s'occuper du nécessaire; avant d'imposer de nouvelles charges au peuple, il faut lui fournir les moyens de les supporter; ces moyens consistent dans la facilité des communications, laquelle encourage l'agriculture en diminuant les frais de transport de ses productions. En Hongrie, le peuple a des bras et de la soumission, le gouvernement et l'administration ont de l'intelligence et de l'autorité : avec de tels élémens, on peut faire des choses grandes et utiles. Les paysans grossiers qui travailleraient à l'ouverture des routes n'en comprendraient pas les avantages : ils réclameraient; ce serait peine perdue de chercher à les persuader : l'expérience seule apporterait la conviction; leur sueur féconderait la terre, et une réduction permanente de misère compenserait amplement un surcroît momentané de travail.

La création d'une grande ville est un moyen puissant de prospérité pour la contrée qui l'environne; mais pour que ce moyen ait la plénitude de son énergie, il faut qu'il s'accompagne de communications étendues et faciles; et c'est ce qui manque à Pest, dans ses rapports avec la Hongrie.

FIN.

TABLE

DU DEUXIÈME VOLUME:

I. Excursion au lac Balaton.	1
II. Esprit public.	8
III. Mœurs.	16
IV. Commerce.	32
V. Diète.	36
VI. Presbourg. Vienne.	38
VII. Environs de Vienne.	46
VIII. Kirchberg.	50
IX. Ratisbonne.	55
X. Retour en Suisse.	64
XI. L'Allemagne. — Route de Munich.	69
XII. Camp romain de Landsberg.	78
XIII. Munich.	81
XIV. De Munich à Saltzbourg.	84
XV. Saltzbourg.	93
XVI. Hallein.	99
XVII. Saltzkamergut.	106
XVIII. Route d'Ischell à Gratz.	113
XIX. *Id.* (Suite).	119
XX. Gratz.	129
XXI. Administration.	142
XXII. Aspect de la Styrie.	152
XXIII. Styrie (Suite).	159
XXIV. Croatie.	165

XXV. Colonies militaires.	175
XXVI Hongrois.	182
XXVII. Topographie.	185
XXVIII. Agriculture.	191
XXIX. Constitution.	197
XXX. Diversité des races.	205
XXXI. Costumes.	217
XXXII. Aspect de la Hongrie.	222
XXXIII. Mœurs et coutumes.	230
XXXIV. La Hongrie et les Landes de France.	240
XXXV. Entrée en Hongrie.	243
XXXV. Funf-Kirchen. Baïa. Thérésianopole.	252
XXXVII. Bannat de Temeswar.	270
XXXVIII. Mehadia.	276
XXXIX. Visite au pacha d'Orsowa.	283
XL. Navigation du Danube. Le comte Szecheny.	293
XLI. Transylvanie.	298
XLII. Propriétés. Population. Mœurs.	304
XLIII. Coup-d'œil sur la Valachie.	315
XLIV. Agriculture.	319
XLV. Paysans.	323
XLVI Gouvernement.	326
XLVII. Transmission des fortunes.	330
XLIII. Klansembourg.	332
XLXIX. Route de Klausembourg à Gross-Wardein, Debretzin ; Pest.	344
L. Pest et Bude:	355

FIN DE LA TABLE.

www.ingramcontent.com/pod-product-compliance
Lightning Source LLC
Chambersburg PA
CBHW050302170426
43202CB00011B/1789